Frank Schamuhn

Die vergessene Grenze am Priwall Strand

Der Grenzspaziergang

Bibliographische Informationen der Deutschen Nationalbibliothek:
Die Deutsche Nationalbibliothek verzeichnet diese Publikation in
Der Deutschen Nationalbibliographie. Detaillierte bibliographische
Daten sind im Internet abrufbar unter: https://portal.dnb.de

Verlag: BoD · Books on Demand GmbH, Überseering 33, 22297 Hamburg, bod@bod.de
Druck: Libri Plureos GmbH, Friedensallee 273, 22763 Hamburg
© 2025 Frank Schamuhn

Texte und Fotos: Frank Schamuhn
Grafiken und Fotos: York Schamuhn, Claus Tiedemann, Kalle Mühlhause und Michael Leimig

FrankSchamuhn
Dievergessene Grenze am Priwall Strand
Der Grenzspaziergang
Auflage 2023/2025
ISBN: 978-3-7504-0758-9
https://DerGrenzspaziergang.de

„Nirgendwo sonst in der Welt gibt es eine Grenze, die so verschiedene Welten voneinander trennt, nirgendwo spielt es eine so entscheidende Rolle, ob man 100 m weiter rechts oder links einer Trennungslinie geboren wurde"

Marion Gräfin Dönhoff (1909 – 2002)

DDR-Hinweisschild nach Polen und die CSSR

„Keine Macht der Welt kann Menschenwürde und Freiheit auf Dauer stoppen"

Hans-Dietrich Genscher (1927-2016)

INHALT

Liebe Grenzinteressierte,

ich möchte Sie gerne auf eine Reise an die ehemalige innerdeutsche Grenze mitnehmen, die über 40 Jahre hinweg die beiden deutschen Staaten sehr eindrücklich voneinander trennte. Genau hier, am **Travemünder Priwall Strand,** an einem „authentischen" Ort, wollen wir uns gemeinsam den damaligen Grenzverlauf ansehen; quasi auf **Spurensuche** gehen. Flankierend möchte ich Ihnen Informationen zu den früheren **Grenzverhältnissen** vermitteln, wie z.B. die Lebensumstände, insbesondere bei der unmittelbaren Grenzbevölkerung, waren, die in der sogenannten **Sperrzone** lebte. Weiterhin werden fachliche Information zu den hier vor Ort im Grenzgebiet eingesetzten **Grenztruppen der DDR** (Grenztruppen) sowie dem westdeutschen **Bundesgrenzschutz** (BGS) mit ihren jeweils gegensätzlichen Aufträgen, dargestellt. Abgerundet wird der Spaziergang durch das optionale Besichtigen eines ehemaligen **Beobachtungsturmes** (Führungsstelle) der DDR-Grenzer sowie weiterer noch zum Teil vorhandene Überreste der früheren **Grenzsicherungsanlagen,** die als stumme Zeugen der deutschen Teilung angesehen werden können. Weiterhin kann auch das strandnahe Gelände einer ehemaligen **DDR-Grenzkompanie** sowie des ehemaligen **Schlosses in Pötenitz** im dortigen Strandweg erkundet werden. Ergänzend wird auf die historische Bedeutung des Priwalls im Laufe seiner spannenden Geschichte hingewiesen. Dazu gehören beispielsweise der frühere **Flugplatz** und die geheime **E - (Erprobungs) Stelle See** für militärische Wasserflugzeuge der deutschen Luftwaffe im 2. Weltkrieg. Last but not least gibt es ein paar Worte zur außergewöhnlichen **Flora und Fauna** mit wilden Orchideen, Kiebitzen und Wasserbüffeln sowie zu der seit 1960 im Hafen verholten **Viermast-Segelbark Passat.** Zusammenfassend gibt es viel zu sehen, zu erkunden und zu erzählen über die Halbinsel Priwall.

Dieses Buch stellt eine Begleitliteratur zu einem flankierend und regelmäßig angebotenen Grenzspaziergang direkt an der ehemaligen Grenze auf dem Priwall dar. Dabei werden von dem Autor u.a. erwähnenswerte Detailinformationen zu dem gesamten Themenkomplex farblich abgesetzt präsentiert.

Frank Schamuhn, ehemals Bundesgrenzschutz und Polizei Hamburg, Polizeihauptkommissar a.D., Dipl.-Verwaltungswirt (FH)

10

1. Wie kam es zur deutsch-deutschen Grenze?

Nach der **bedingungslosen Kapitulation** des nationalsozialistischen Deutschen Reiches am **07./08. Mai 1945** (in **Reims** - Sitz der alliierten **Expeditionskräfte**- und anschließend **Berlin-Karlshorst** - Sitz des sowjetischen Oberkommandos-) erfolgte eine Neuordnung Deutschlands. Im Rahmen der Berliner Erklärung vom 05. Juli 1945 galt nunmehr Besatzungsrecht und die Regierungsgewalt ging an die Siegermächte über. Vor dem Hintergrund vorgeschalteter, internationaler Verhandlungen (Jalta, Teheran, London) teilten die alliierten Siegermächte Deutschland zunächst in drei und anschließend unter Hinzuziehung von Frankreich in **vier Besatzungszonen** auf. Sowohl Berlin als auch Wien wurden dabei ebenfalls in entsprechende **Sektoren** aufgeteilt. In Deutschland gliederte sich die Aufteilung in die Westzonen (USA, Großbritannien und Frankreich) sowie die Ostzone (Sowjetunion). Neben der territorialen Abtrennung symbolisierte diese Trennung auch eine grundsätzliche ideologische Unterscheidung von gesellschaftlichen und wirtschaftlichen Ordnungen. **Westlicher Kapitalismus** und **östlicher Kommunismus sowie Sozialismus** standen sich als ideologische Werteordnungen direkt gegenüber. Somit hatte die erfolgte Teilung Deutschlands direkte Auswirkungen auf die europäische und die Weltpolitik. Nach Übernahme der Regierungsgewalt durch die Siegermächte wurden in den Zonen, d.h. auf westlicher und östlicher Seite, **erste Polizeikräfte zum Zwecke der Aufrechterhaltung der Ruhe und Ordnung** hinsichtlich des grenzüberschreitenden Verkehrs und der Verhinderung von illegalen Grenzübertritten eingestellt und eingesetzt. Gleichzeitig erhielt der bundesdeutsche Zoll aufgrund der unterschiedlichen **Wirtschafts- und Währungsgebiete** beider deutscher Länder seine Zuständigkeit. Durch das bestehende Währungsgefälle wurde das **Schmuggeln** sehr stark begünstigt. Propagandistisch wurde die Grenze und somit die erforderlichen Sicherungsmaßnahmen mit einer notwendigen Schutzfunktion aus Sicht der Deutschen Demokratischen Republik (DDR) gegen **Agenten, Spione und Diversanten** (im entsprechenden Sprachgebrauch: „Feindlicher Saboteur" oder „Störer") begründet. Im Wesentlichen diente sie jedoch zum Schutz vor den eigenen Fluchtsuchenden aus der DDR, um somit ein selbstbestimmtes Leben zu verhindern. In den Anfangsjahren ab 1950 mussten die politisch Verantwortlichen der DDR feststellen, dass immer mehr Menschen dem eigenen Land den Rücken kehrten, nicht zuletzt durch die sich verstärkende Sogwirkung der neuen Bundesrepublik Deutschland. Dabei war die Mehrzahl der Flüchtenden unter 25 Jahre alt. Die **einsetzende Massenflucht** war ein Aderlass für die damalige DDR, insbesondere unter dem Aspekt eines erheblichen und spürbaren Facharbeiterverlustes. Die ostdeutsche Wirtschaft drohte zusammenzubrechen. Die anfänglichen Flüchtlingszahlen konnten durch den Mauerbau in Berlin am **13. August 1961** sowie erst Anfang der 70-Jahre nachhaltig verringert werden, da nunmehr die Grenzsicherungsmaßnahmen seitens der DDR sukzessiv verstärkt und perfektioniert wurden. **Die DDR wurde ab 1961 daher auch als „Mauerstaat"** bezeichnet. Das bedeutet, je perfektionierter die Grenzsicherungsmaßnahmen entwickelt wurden, desto geringer waren die versuchten und erfolgreichen Fluchtversuche.

2.Zonengrenze oder Staatsgrenze?

An dieser Stelle muss darauf hingewiesen werden, dass es eine Vielzahl, teils synonym gebrauchter Begrifflichkeiten gibt, die diese Grenze beschreiben. Die m.E. Wesentlichsten sollen im Nachfolgenden dargestellt werden. Offiziell versteht man unter einer **Demarkationslinie** eine zwischen Staaten vereinbarte und lediglich vorläufige Trennlinie/Grenze nach territorialen Veränderungen oder Gebietsstreitigkeiten. Die Begrifflichkeit **„Zonengrenze"** bezog sich konkret auf die damaligen Besatzungszonen der Briten und Sowjets hier im Norden Deutschlands, die am Priwall direkt aufeinanderstießen. Historisch gesehen handelte es sich **am Priwall** um die ehemalige **preußisch-mecklenburgische Grenze**.

BGS und Zoll auf Streife an der Grenze

Mit den Staatsgründungen der Bundesrepublik Deutschland (Mai 1949) sowie der Deutschen Demokratischen Republik (Oktober 1949) wurde danach aus der sogenannten Zonengrenze die deutsch-deutsche Grenze. Umgangssprachlich wurde jedoch weiter von der Zonengrenze sowie der **innerdeutschen Grenze** gesprochen. Die DDR wurde von Bundesbürgern auch gerne als **„Ostzone"** bezeichnet. Grundsätzlich war der genaue Grenzverlauf durch bestehende **Länder- und Provinzgrenzen** definiert. Dennoch gab es zeitlich versetzt vereinzelt nachträglich bilaterale **Gebietsabtretungen** an der Zonengrenze im Sinne einer analogen

Flurbereinigung (Landwirtschaft), die eine Neueinteilung und Zusammenlegung von zersplittertem Grundbesitz zum Ziel hatte. Hintergrund waren in diesen Fällen vordergründig keine militärisch-strategischen Vorteile, sondern ausschließlich wirtschaftliche Gründe (Erreichbarkeit und Zugang) zur Versorgung der jeweiligen Besatzungszonen. Gleichwohl ließen sich die Austauschgebiete danach effektiver überwachen. Dies betraf u.a. Gebiete in Ratzeburg und der benachbarten Schaalseeregion **(Barber–Ljaschtschenko–Abkommen)** sowie den Südharz um die Regionen von Blankenburg und Bad Sachsa. Interessant auch der Gebietsaustausch im Bereich **Coburg am Falkenstein**/Region Bayern/Thüringen. Dort wurde im sogenannten **Bierdeckelabkommen** ein Austausch unter Amerikanern und Sowjets vereinbart, der jedoch zum Leidwesen der DDR dokumentarisch nicht überliefert wurde.

Barber–Ljaschtschenko–Abkommen

Dieses beinhaltete eine Vereinbarung (Gadebuscher Vertrag) vom 13. November 1945 zwischen dem britischen General Barber und seinem sowjetischen General - Pendant Ljaschtschenko hinsichtlich eines gegenseitigen Gebietsaustausches. Gebiete **östlich um Ratzeburg**, die vorher in der sowjetischen Zone lagen, wurden gegen Gebiete in der **Schaalseeregion**, die der britischen Zone zugehörig waren, getauscht. Insgesamt wechselten 22 qkm mecklenburgisches Gebiet gegen 49 qkm schleswigholsteinisches Territorium den Besitzer. Entsprechende fristgerechte Räumungen und Umsiedlungen der jeweiligen Bewohner aus Mecklenburg und Schleswig-Holstein gingen diesem Austausch voraus. Dabei war der Abschluss dieser Räumung zur Grenzbereinigung auf den 28. November 1945 um 13 Uhr präzise terminiert.

Ab 1952 wurde durch die Regierung der DDR die Verordnung über Maßnahmen an der Demarkationslinie zwischen der Deutschen Demokratischen Republik und den westlichen Besatzungszonen beschlossen. Daraus resultierte eine verstärkte und ständig zunehmende Abriegelung dieser Grenze. Das wirtschaftlich unmittelbar benachteiligte Grenzgebiet Westdeutschlands wurde als **Zonenrandgebiet** mit entsprechenden wirtschaftlichen Förderungsmechanismen, der sogenannten **Zonenrandförderung,** ausgestattet. Hier galt es, wirtschaftliche Verluste durch die Abtrennung von dem ehemaligen Hinterland- und Wirtschaftsverbindungen abzufedern. Im Einzelnen wurde dieses z.B. durch steuerliche Erleichterungen oder Investitionszulagen erreicht. Im Zuge des **Grundlagenvertrags** vom **21. Dezember 1972** wurde die DDR seitens der Bundesrepublik als eigener Staat anerkannt; somit war auch formal eine Staatsgrenze entstanden. Seitens der verantwortlichen DDR-Regierung wurde nunmehr offiziell der Begriff der **Staatsgrenze West** eingeführt. Aufgrund des

Wiedervereinigungsgebotes -resultierend aus dem Grundgesetz der Bundesrepublik Deutschland - konnte die DDR allerdings niemals als Ausland angesehen werden. **DDR-Bürger waren Deutsche im Sinne des Grundgesetzes.** Dieses war Bestandteil der **Deutschen Frage.** Prägend für die Zeit nach dem Krieg war im Anschluss die sogenannte **Ostpolitik,** die von Willy Brandt federführend vorangetrieben wurde und im Wesentlichen im Rahmen des Grundlagenvertrages für eine Entspannung und einen Prozess der gegenseitigen Annäherung beider deutschen Staaten sorgte. Dieses umfasste auch den Reiseverkehr zwischen beiden Staaten u.a. den sogenannten Kleinen Grenzverkehr.

2.2 Kleiner Grenzverkehr

Die Regularien zum Kleinen Grenzverkehr waren Bestandteil eines bilateralen **Verkehrsabkommens.** Bundesbürger hatten nunmehr die Möglichkeit, unbürokratisch grenznahe Ortschaften in der DDR zu besuchen. Der Kleiner Grenzverkehr war demnach nur in **West/Ostrichtung** möglich. Voraussetzung war, dass Bundesbürger auch grenznah wohnten. Dieses Besuchsrecht (sowohl für Verwandtenbesuch als auch für touristische Zwecke) bezog sich auf 30 Besuchstage im Jahr. Weiterhin war der einzelne Aufenthalt auf zwei Tage begrenzt und kostete eine Tagesvisumsgebühr von 5 DM und zusätzlich den **Mindestumtausch „Eintrittsgeld" von 25 DM** pro Tag. Von den Lübeckern wurde hierzu der Übergang Lübeck-Schlutup/Selmsdorf für Pkw genutzt. Auch ein

Omnibuspendelverkehr für Grenzregionen wurde eingerichtet. Für die deutsch-deutsche Grenze gab es, wie bereits beschrieben, die unterschiedlichsten Beschreibungen und Bezeichnungen. Ausschlaggebend war dabei immer die Betrachtungsweise/Wahrnehmung aus den jeweiligen staatspolitischen Lagern. Aus Sicht der damaligen DDR-Regierung war die Grenze ein Bollwerk gegen den **imperialistischen Westen (antiimperialistischer Schutzwall)**, denn von der Nationalen Volksarmee sowie der sowjetischen Besatzungsmächte wurde ständig mit einem Überfall der NATO in Richtung Osten gerechnet. Dabei stand jedoch nicht der Norden Deutschlands im Fokus, sondern aufgrund der geographisch flachen Bodenverhältnisse (ohne Hindernisse im Gelände) die mitteleuropäische Tiefebene im Bereich Hannover, Kassel und Magdeburg, wo jederzeit mit einem Panzerangriff sowohl aus Richtung Westen als auch aus Richtung Osten gerechnet wurde. Sinnbildlich steht hierfür der **Point Alpha**, ein US-Beobachtungsstandort an der hessisch-thüringischen Grenze, der direkt an der NATO-Verteidigungslinie am **„Fulda Gap"**(Lücke) lag. Hier standen sich tatsächlich und symbolisch die NATO und der Warschauer Pakt gegenüber. An dieser „Durchbruchstelle" wurden Szenarien beider Militärbündnisse (Militärdoktrinen) entwickelt. Die Mahn- und Gedenkstätte Point Alpha zwischen Geisa und Rasdorf ist ein Erinnerungsort der deutschen Teilung. Die ehemalige innerdeutsche

18

Grenze erstreckte sich insgesamt über fast 1.400 km von der Ostsee (Priwall) bis nach Oberfranken (Hof) im geschichtsträchtigen Dreiländereck Bundesrepublik Deutschland – DDR – Tschechoslowakei. Dabei war diese Grenze Bestandteil des sogenannten **Eisernen Vorhangs**. Darunter verstand man die ideologisch unüberwindbare Gesamtgrenze zwischen dem westlichen und freien Europa sowie der von der Sowjetunion dominierten östlichen Welt. Unter anderem **Winston Churchill (1874-1965)** bezeichnete 1946 die Trennung/Abriegelung zwischen den kommunistischen und den demokratischen Lagern/Staaten als Eisernen Vorhang. Ursprünglich stammt der Begriff Eiserner Vorhang aus der Theaterwelt. Darunter versteht man eine Vorrichtung, die verhindern soll, dass ein Brand im Bühnenhaus auf die Zuschauer übergreifen kann. Die Gesamtausdehnung des Eisernen Vorhanges erstreckte sich über die innerdeutsche Grenze hinaus von der **Ostsee bis zum Schwarzen Meer**; von Meer zu Meer. An der innerdeutschen Grenze standen sich die beiden **Player** oder auch **Klassenfeinde** des **Bundesgrenzschutzes** auf der Westseite sowie **die Grenztruppen** auf der Ostseite direkt gegenüber; Auge in Auge.

3.Die Grenze auf dem Priwall

Konkret gab es auf dem Priwall eine **Wasser- und eine Land-grenze**. Zum einen begann ab hier der Verlauf der Wassergrenze und begannen auch die Territorialgewässer der DDR. Diese Grenzlinie war mit **gelben Leucht- und Baken-Tonnen (See-fahrtszeichen)** mit der Aufschrift **GRENZE** gekennzeichnet. An Land standen zwei **Richtbaken** (Bakenpaar mit Dreiecktoppzei-chen, eine Ober- und Unterbake), die die Grenzlinie bis zur **Leuchttonne** (befeuerte Tonne mit Radarreflektor) **GRENZE 7** markierte. Die Deckung dieser beiden nautischen Dreiecke aus Richtung See ergab die Grenzlinie.

Erinnerungsstele auf dem Priwall

Bakenpärchen auf dem Priwall

Interessant an dieser Konstellation war, dass es zwischen den beiden deutschen Staaten **kein internationales Gewässer** gab. Auch die jeweilige 3-Meilen-Zone existierte anfänglich nicht. **Ein Überfahren der Seegrenze war somit verboten.** Es war eine Grenze zwischen den Küstenmeeren der Bundesrepublik und der DDR, die sich dann im Verlaufe der sogenannten **GEDSER-Schiff-fahrtslinie** fortführte. **Die Grenzboje 3** kann heute noch auf der Travemünde-Seite vor der dortigen Lotsenstation besichtigt werden. Insgesamt hatte die Kennzeichnung der gemeinsamen **Seegrenze** eine Länge von **14,9 km oder 8,045 Seemeilen.**

Ehemalige Grenzboje 3 Lotsenstation in Travemünde

Zum anderen begann auf dem Priwall auch die Landgrenze in Richtung Süden. Der eigentliche Grenzverlauf war immer von besonderer Bedeutung. Grundsätzlich wurde die Trennungslinie ständig durch eine **Grenzkommission** überprüft, vermessen, erneuert und ergänzt, die ab 1973 aufgrund des Grundlagenvertrages zwischen beiden deutschen Staaten eingesetzt wurde. Dieses gemeinsame Grenzgremium wurde sowohl von west- als auch von ostdeutschen Vertretern (u.a. Vermessungsingenieuren der Katasterämter) besetzt und eingesetzt. Für jedermann sichtbar war die Grenze durch Grenzsteine, Grenzpfosten aus Holz für z.B. mooriges Gelände und im Seebereich wie bereits erwähnt durch entsprechende Seezeichen und Bojen markiert. Auf bundesdeutscher

Seite wurde auf die Grenze mit dem Hinweispfahl mit Schild und roter Kappe (Streichhölzer) **HALT!** **HIER** **GRENZE-BUNDESGRENZSCHUTZ-** hingewiesen. Im Bundesland Bayern hatten diese Hinweispfähle eine blaue Kappe, die Bayern eben.

Weiterhin wurden gegenseitig Ansätze verfolgt, sich bei etwaigen Schadens- und Katastrophenfällen (z.B. Brände, Hochwasser und Stürmen) frühzeitig zu informieren, weil die Bekämpfung dieser Ursachen durch die Grenze erschwert werden konnte. Dazu wurden die sogenannten **Grenzinformationspunkte -GIP-** (14 Stück) an offiziellen Grenzübergangsstellen entlang der Gesamtgrenze eingerichtet, die einen direkten telefonischen Kontakt zwischen beiden Staaten ermöglichten. Nach der Grenzöffnung 1989 wurden die GIP kurzfristig aufgrund der Vielzahl neu eingerichteter Grenzübergänge sukzessiv aufgestockt. Praktisch handelte es sich dabei auf beiden Seiten der Grenze um ein Telefonpärchen ohne Wählscheibe, welches jeden Tag gegenläufig auf seine Funktionsfähigkeit überprüft wurde, d.h. offizielle Vertreter der Grenztruppen und des BGS riefen sich an. Die Kommunikation beschränkte sich jedoch auf die gegenseitige Meldung in Bezug auf etwaige Vorkommnisse; persönliche Worte inklusive Begrüßung wurden formal vermieden. Markant am Priwall Strand war die damalige **„Grenzkette"**. Diese zog sich vom unmittelbaren Strand bis zur Pötenitzer Wiek - auch Traveförde genannt - (Wiek steht begrifflich für eine Bucht) entlang, die im Rahmen von regelmäßigen Instandsetzungsmaßnahmen der Techniker/Pioniere des BGS aus Lübeck in rot und weiß gestrichen werden musste. Diese ursprüngliche Ankerkette, ein Exponat des BGS-See aus Neustadt, die sehr eindrücklich auf den Grenzverlauf am Strand hinweisen sollte, wurde von den Strandbenutzern (FKK-Zone auf Bundesseite) häufig als Handtuchhalter umfunktioniert.

Grenzsperranlagen auf dem Priwall

Im Bereich der Pötenitzer Wiek wurde von der Grenzkommission festgestellt, dass aufgrund eines historischen Wasser-Landrechtes aus dem Mittelalter der unmittelbare Uferstreifen (ca. 2 m breit) nunmehr zum Hoheitsgebiet der Bundesrepublik Deutschland gehörte; er wurde von der DDR nachträglich abgetreten. Diese Entscheidung basierte auf dem historisch überlieferten Grundsatz, **wem das Wasser gehört, dem gehört auch das Land.** Die Pötenitzer Wiek, der Dassower See sowie die Trave gehörten immer schon zu Lübeck. Somit war ein Spaziergang entlang der Wiek und Dassower See vom Priwall bis zum Lübecker Stadtteil Schlutup trotz sehr unwegsamen Geländes jederzeit möglich. Ausnahme war die Stepenitzmündung mit einer grenztechnisch gesicherten Brücke in Dassow, wo eine entsprechende Umfahrung per Boot erfolgen musste. Eine weitere Besonderheit betrifft das **Fischereirecht auf der Ostsee.** Ein überliefertes und verbrieftes Privileg aus dem Jahr 1188 zwischen Kaiser Friedrich I (Barbarossa) und Friedrich II sicherte den Lübecker Stadtfischern eine Nutzung der Territorialgewässer der DDR in einem eng definierten Gewässerbereich zu (Protokollvermerk Nr. 7 der Grenzkommission vom 05./06. Dezember 1973). Andererseits war es den Fischern aus Dassow bis 1961 möglich, den Dassower See zu befischen. Dazu war allerdings eine Sondergenehmigung erforderlich. Diese beinhaltete auch das Erreichen der Ostsee über bundesdeutsche Gewässer, in diesem Fall der **Trave.** Nach dem Mauerbau in Berlin wurde dieses untersagt. Die Fischerboote aus Dassow wurden per Straßentransport nach Wismar verlegt, um zukünftig dort zu fischen. Die Fischer mussten fortan zu ihren neuen Arbeitsplätzen pendeln. Auf den **Grenzsteinen** (quadratisch 20 cm und ca. 70 cm tief eingelassen) war zentrisch ein sog. Meißelkreuz als Grenzmarke eingeschlagen, welches im direkten Sichtkontakt zum nächsten Grenzstein den direkten Grenzverlauf bzw. die Grenzlinie darstellte. Ergänzend beschloss die Volkskammer der DDR dazu am 25.03.1982 das „Gesetz über die Staatsgrenze", in dem u.a. explizit geregelt wurde, dass die Grenze als gerade Linie von

einem Grenzpunkt zum anderen verläuft. Um das DDR-Territorium klar erkennbar zu machen, wurden auf DDR-Gebiet, jedoch in unmittelbarer Nähe zum eigentlichen Grenzverlauf, **DDR-Grenzsäulen** aufgestellt. Diese auf dem **„vorgelagerten Hoheitsgebiet"** der DDR aufgestellten 2.20 m hohen Grenzsäulen aus Beton hatten eine konische Spitze und waren zudem mit einem

26

kleinen Stahlstift versehen, der die Funktion eines Vogelabweisers hatte. So sollte die Säule vor Vogelkot geschützt werden. In Blickrichtung Westen, somit feindseitig, war ein ca. DIN A 4 großes Aluminium-DDR-Emblem angebracht, welche bei illegalen Souvenirjägern äußerst begehrt waren. Insgesamt wurden insgesamt **2.622 Grenzsäulen** sowie **9.079 Grenzsteine** gesetzt. Dazu kam eine Vielzahl von entsprechenden Seemarkierungen auf der Ostsee und den Binnenseen, z.B. dem Schaalsee/ südlich Ratzeburg. Die DDR-Grenzsäule auf dem Priwall hatte die **Nummer 1**. An dieser Stelle sei besonders darauf hingewiesen, dass es somit, wie häufig von Besuchern der Grenze irrtümlicherweise angenommen, **kein**

sogenanntes Niemandsland (lateinisch: **terra nullius**) gab, d.h. **kein staatsrechtlich herrenloses Gebiet**. Heutzutage gibt es lediglich in der Antarktis Gebiete, die als Niemandsland bezeichnet werden; jedoch von unterschiedlichen Staaten beansprucht werden, obwohl sie völkerrechtlich umstritten sind.

4. Grenztruppen der DDR (Grenztruppen)

Die Grenztruppen waren ein **selbstständiger Truppenverband innerhalb der Nationalen Volksarmee (NVA)** der DDR, neben den Teilstreitkräften des Heeres, der Luftwaffe und der Marine (Volksmarine). Im Selbstverständnis war die NVA ein „**Machtinstrument der Arbeiterklasse**", um die sozialistischen Errungenschaften nach außen zu schützen bzw. zu verteidigen. Geschichtlich entstanden sie aus

der Deutschen Grenzpolizei und den anschließenden Grenzbereitschaften, die bereits 1948 gegründet wurden. Dabei war dieser Verband sehr stark den sowjetischen Einflüssen unterworfen. Organisatorisch gehörte die Grenzpolizei damals zum Ressort des Innern. Im Laufe der Zeit erfolgte dann ab 1950 eine Anbindung an die Nationale Volksarmee, d.h. aus einer **Polizeitruppe** wurde eine **militärische Einheit**, die nun dem Ministerium für Nationale Verteidigung unterstand und somit Bestandteil der Armee (NVA) der DDR war. Gründungsdatum war der 15.09.1961. Über die Jahre wuchs die Mannstärke stetig, so dass ab den 70-Jahren ca. 40.000 Soldaten den Grenztruppen angehörten. Die Grenztruppen setzten sich organisatorisch aus Berufs-, Zeit- sowie wehrpflichtigen Soldaten zusammen.

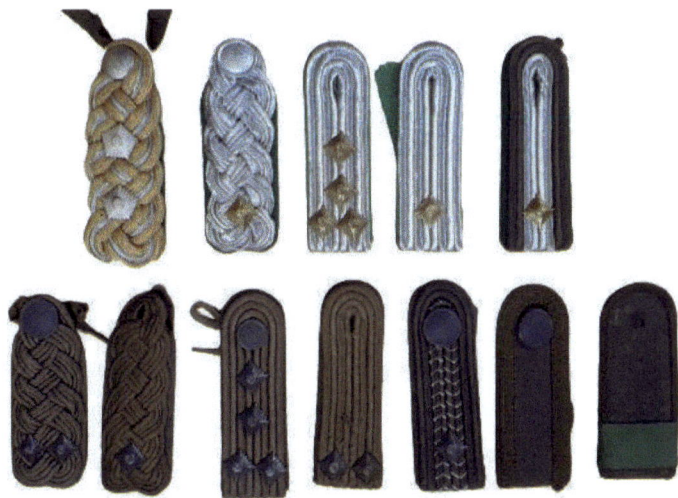

Dienstgradabzeichen der Grenztruppen: (Von oben nach rechts: Generalleutnant, Major, Hauptmann, Unterleutnant und Fähnrich mit grüner Paspelierung als Truppengattungsfarbe der Grenztruppen)
Darunter in Tarnversion: Oberstleutnant, Major, Hauptmann, Leutnant, Fähnrich, Unteroffizier und Soldat/Postenführer.

Erwähnenswert ist, dass es bis 1962 in der DDR keine Verpflichtung zum Wehrdienst gab. Aufgrund mangelnder personeller Ressourcen und auch im Rahmen der Nachwuchsbildung erfolgte von der DDR-Regierung ab 1962 eine Umkehr zur allgemeinen Wehrpflicht für den Arbeiter- und Bauernstaat, oftmals auch zum Leidwesen der Vorgesetzten. Im Verbund der bewaffneten Organe der

DDR hatten die Grenztruppen eine hervorgehobene Position, nicht zuletzt wurden sie auch als „**Elite**" bezeichnet. Dieses wurde stark von der Politik hervorgehoben und propagiert.

Ärmelband der Grenztruppen getragen am linken Ärmel der Uniformjacke

Auch in der eigenen Außendarstellung fanden sich die Grenztruppen medial überproportional präsentiert. Im Rahmen der europäischen Abrüstungskonferenzen (Wiener Verhandlung für gegenseitige Reduzierung der Streitkräfte in Mitteleuropa) wurden die Grenztruppen nachträglich aus der Nationalen Volksarmee offiziell (d.h. auf dem Papier) ausgegliedert, um einer Truppenreduzierung zu vorzukommen, bzw. dafür keinen Verhandlungsspielraum anzubieten. Der Feiertag für die Grenztruppen war jeweils immer der **01. Dezember**. Dieser Tag war traditionell für die Verleihung von Orden sowie Prämien und entsprechenden Beförderungen vorgesehen. In der DDR insgesamt, innerhalb ihrer bewaffneten Organe sowie insbesondere bei den Grenztruppen wurde eine ausgeprägte **Ordens- und Auszeichnungskultur** gepflegt. So wurden bereits Anfang der 50-er Jahre erste Auszeichnungen für die

Grenzer, u.a. die **Medaille für vorbildlichen Grenzdienst** und Leistungsabzeichen für die Deutsche Grenzpolizei, verliehen. Auch die sogenannte **Schützenschnur**, für hervorragende Schießleistungen, und Bestenabzeichen waren begehrte Auszeichnungen.

Zusammenfassend kann gesagt werden, dass die Verleihung von Orden (Phaleristik) und Auszeichnungen im gesellschaftlichen und speziell im militärischen Bereich der DDR einen hohen Stellenwert besaß. So verfügte der SED-Staat über 10.000 unterschiedliche Auszeichnungen. Dazu passend war der nachfolgende Witz in der DDR bekannt:

„Ein Krokodil klagt dem anderen: Ich habe gestern einen Amerikaner gefressen und habe immer noch Kaugummi zwischen den Zähnen, ekelhaft!"

„Das ist doch gar nichts" erwidert das andere Reptil. „Ich fraß gestern einen Parteifunktionär, seitdem spucke ich unentwegt Orden!"

Auch bei den Grenztruppen und angegliederten Zivilisten, z.B. den **freiwilligen Helfern der Volkspolizei** und/oder **der Grenztruppen** wurde dieser Kult intensiv ausgelebt. Dabei entfalteten diese militärischen Verleihungen eine starke wissenschaftlich erwiesene psychologische Wirkung im Hinblick auf die Motivation und zukünftige Leistungssteigerungen. Dabei überwogen nicht ausschließlich die monetären Entlohnungen (Geldprämien), sondern die Orden und Auszeichnungen standen symbolisch für eine Stabilisierung des Gesellschaftssystems. Häufig waren diese Auszeichnungen aber auch mit einer Sachprämie in Form eines Kaffeeservices, eines Buches oder einer Eintrittskarte für ein Fußballspiel verbunden. Orden wurden u.a. beim kameradschaftlich-geselligen Beisammensein im Clubhaus, oftmals z.B. bei einem Broiler und beim gemeinsamen Hören einer Schallplatte, verliehen.

5. Auftrag der Grenztruppen

Der Auftrag der Grenztruppen bestand darin, die **territoriale Integrität der DDR**, zu Land, Luft und zu Wasser, zu schützen und **die Unverletzlichkeit der Grenze** sowie die Sicherheit und Ordnung im Grenzgebiet zu gewährleisten. Der Schutz der Grenze

hatte somit **Verfassungsrang**. Politisch war es das Bestreben, Angriffe von außen auf das Gebiet der DDR abzuwenden. Heute wissen wir, dass die Grenztruppen den originären Auftrag hatten, die eigene Bevölkerung an der Flucht in den Westen zu hindern.

§ 213 Strafgesetzbuch der DDR

Unerlaubter Grenzübertritt oder unerlaubte Republikflucht

Wer widerrechtlich die Staatsgrenze der DDR passiert oder Bestimmungen des zeitweiligen Aufenthalts in der DDR sowie des Transits durch die DDR verletzt, wird mit Freiheitsstrafe bis zu 2 Jahren bestraft. Schwere Fälle (z.B. Wiederholungstaten, gemeinschaftliche Tatbegehung) werden mit bis zu 8 Jahren bestraft. Vorbereitung und Versuch sind strafbar. Zusätzlich handelt es sich um einen Verbrechenstatbestand, der abhängig von der Mindeststrafandrohung des Straftatbestandes ist.

Für die Grenztruppen war der Dienst an der Grenze im eigenen Selbstverständnis ein Ehrendienst oder ein **„Frontdienst im Frieden"**. Der Feldanzug war dabei mit einem Strichtarnmuster versehen. In Soldatenkreise wurde diese Tarnversion auch als **„einstrich-kein-strich"** bezeichnet. Das Pendant beim BGS nannte sich **Sumpftarn-Muster**. In Angleichung an die Länderpolizeien wurde diese Tarnbekleidung beim BGS Mitte der 80- Jahre abgeschafft.

Heinz Hoffmann, 1910-1985 (Verteidigungsminister der DDR im Rang eines Armeegenerals) und **Klaus Dieter Baumgarten, 1931-2008** (Chef der Grenztruppen im Rang eines Generaloberst) sagten dazu anlässlich einer Offiziersvereidigung, dass **„Unser Handeln ist von dem Grundsatz bestimmt, je sicherer die Grenzen unseres sozialistischen Vaterlandes sind, umso sicherer ist der Frieden. Dem Feind keine Chance"**.

Bei der Aufgabenwahrnehmung der Grenztruppen waren neben den staatlichen und **bewaffneten Organen** auch Unterstützungsorgane tätig. Dazu gehörten u.a. die sogenannten Freiwilligen Helfer der Deutschen Volkspolizei und der Grenztruppen. Darunter verstand man Personen aus der unmittelbaren Grenzbevölkerung, die beobachtete Auffälligkeiten, z.B. unbekannte Personen- und

Gruppen im Sperrgebiet, an die Grenztruppen oder direkt an Dienststellen der Staatssicherheit meldeten. Sie hatten eingeschränkte Vollzugsrechte, hauptsächlich bestand ihre Aufgabe in der Kontrolle der Passierscheine, die Voraussetzung zum Betreten und zum Aufenthalt in der Sperrzone waren. Dabei handelte es sich um zivile und linientreue Bürger, die die Ideologie der Partei und des Staates in vollem Umfange vertraten, und sich durch diese Spitzeldienste entsprechende Vorteile und Belohnungen versprachen. Durch diese bereits **konspirativen „Vorfeldaufklärungen"** konnten bis zu 90 % der geplanten Fluchten im Vorfeld vereitelt werden. Nach vorliegenden Informationen wurden seitens der staatlichen Organe auch fremde Personen (Lockvögel) bewusst in die Grenzregionen eingeschleust, um das Funktionieren dieser freiwilligen Späher zu testen und auf die Probe zu stellen. Im Zusammenhang mit der Grenzsicherung der Grenztruppen sorgte die **Causa Michael Gartenschläger** im Jahre 1970 für erhebliche politische Aufmerksamkeit. Der westdeutsche Journalist, der zuvor aus der DDR geflüchtet war und sich anschließend aus dem Westen als Fluchthelfer betätigte, wurde am 30. April 1976 bei dem wiederholten Versuch, die an dem damaligen einreihigen Metallgitterzaun (eMGZ) montierten Selbstschussautomaten (SM 70) abzubauen, von Spezialkräften der Grenztruppen der DDR (**Staatssicherheit aus Berlin-Schulzendorf**) zunächst kräfteintensiv observiert und schließlich erschossen.

Gedenkstein und Mahnstelle Michael Gartenschläger

Ausgelöst wurde diese durch das Abhören des bundesdeutschen Funkverkehrs, der darauf verwies, dass so eine Aktion im Zusammenhang mit dem Abbau einer SM 70 unmittelbar bevorstehen könnte. Dies ereignete sich damals im Bereich Bröthen-Leisterförde, nahe der Stadt Schwarzenbek im Herzogtum Lauenburg in dem später so nach ihm benannten **Gartenschläger-Eck**, direkt an der **Grenzsäule** mit der Nummer **231**. Diese Spezialeinheit des MfS hatte den originären

Auftrag, Terror- und Gewaltverbrechen sowie speziell Fahnenfluchten bzw. Fluchtversuche von Grenztruppenangehörigen zu verhindern. Die Ausbildung erfolgte auf der **Stintenburginsel im Schaalsee.**

Stintenburg

Während der Zeit ab 1945 erfolgte eine Enteignung zur überwiegend militärischen Nutzung. Während der Nazi-Herrschaft konnte u.a. die jüdische Familie des später weltberühmten Schauspielers **Sir Peter Ustinov** hier kurzfristig Zuflucht finden. **Stintenburg** befindet sich auf der Stintenburginsel direkt vorgelagert dem bewohnten **Kampenwerder** (Insel) inmitten des Schaalsees; heute **Biosphärenreservat (**Schutzgebiet**) Schaalsee.** Die Insel und das darauf gelegene Gutshaus haben eine jahrhundertelange Tradition (vom Rittergut zum Flüchtlingsheim) im Besitz der **Familie von Bernstorff.**

Waffen und Ausrüstung der Grenztruppen
Kalaschnikov 47/74

Zur Standardwaffe der Grenzer gehörte die **Kalaschnikow Modell 47** (Ursprungsfertigung). Die AK 47 und ihre Weiterentwicklung AK 74 sind die weltweit meistverbreiteten Sturmgewehre. Dabei floss das Funktionsprinzip des Sturmgewehrs (SG 44) der Wehrmacht entscheidet in die Planungsprozesse dieser russischen Waffe ein. Die Waffe ist charakterisiert durch ihre starke Feuerkraft und Zuverlässigkeit sowie die sehr leichte Handhabung. Die AK 74 verfügte gegenüber dem Vormodell über das Kaliber 5,45 x 39 mm, wodurch eine höhere ballistische Geschossgeschwindigkeit erzielt werden konnte. Da durch diese Modifizierung bei Anwendung eine höhere **Verletzungs- und Tötungsgefahr** bestand, wurde die AK 74 gegenüber der AK 47 für die Grenztruppen im Grenzeinsatz nicht operativ zugelassen. Medizinisch-wissenschaftlich wurde jedoch eine ggf. **tödliche Wirkung eines Streifschusses**

(Gewebeschock) nicht nachgewiesen. Die internationale Aufmerksamkeit, die die neue Waffe hervorrief, bestätigte den restriktiven Einsatz bei den Grenztruppen.

6. Gliederung der Grenztruppen der DDR

Die Gliederung (**Dislozierung**) der Grenztruppen erfolgte in das Kommando Nord (Sitz des Stabes in Stendal), das Kommando Süd (Erfurt) sowie das Kommando Mitte, welches ausschließlich für die Stadt Berlin zuständig war. Der Sitz des übergeordneten Kommandos (Stab) der Grenztruppen befand sich in **Pätz bei Königs Wusterhausen**, nahe Berlin. Die militärische Überwachung der Grenze gliederte sich dabei in die Abschnitte der Landgrenze (Grüne Grenze) sowie Wassergrenze, die Mauer um Berlin und die sogenannte Friedensgrenze zur damaligen Tschechoslowakei (Pirna) und Polen (Frankfurt/Oder). Die Sicherung der Ostseegrenze wurde grundsätzlich von der **6. Grenzbrigade Küste** übernommen, welche operativ bei der Volksmarine (Seestreitkräfte der DDR) angegliedert war. Von dort wurde die wasserseitige Überwachung der **„blauen Grenze"** zur Bundesrepublik Deutschland übernommen. Der Hauptsitz war in Roststock, eine unterstellte Organisationsebene bezog ihren Standort in Boltenhagen/Tarnewitz.

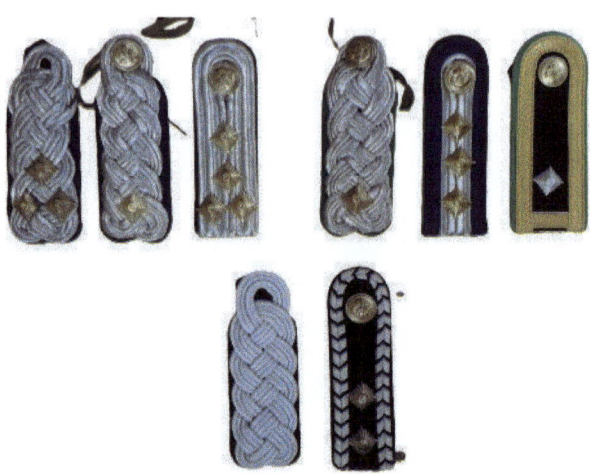

Dienstgradabzeichen der Grenzbrigade Küste: oben links: Kapitän zur See, Korvettenkapitän Kapitänleutnant der Volksmarine, Korvettenkapitän der Landverbände, Stabsfähnrich und Meister der Grenzbrigade -erkennbar an grüner Paspelierung/Untergrund des Schulterstückes.
Unten links: Polizeirat und Polizeihauptwachtmeister des BGS-See

Grundsätzlich war die DDR-Ostseeküste vom **Stettiner Haff bis Boltenhagen**, somit unmittelbar vor dem Bundesgebiet, im Hinblick auf die landseitige Grenzsicherung **nicht** pioniertechnisch ausgebaut. Es bestanden hier keine Zäune und nur wenige Beobachtungstürme (insgesamt ca. 30 Türme), z.B. in Kühlungsborn, an der ca. 350 km langen Ostsee-Küstenlinie, bedingt natürlich auch durch den Status einer beliebten **Urlaubsregion für die DDR-Bevölkerung**. Entsprechende An- und Abreisen der Urlauber wurden kontrolliert und die Strände wurde rund um die Uhr überwacht. **Die Badezeiten** waren **reglementiert** und nur bis zu einer maximalen Entfernung von 150 m ab Strand erlaubt. Lediglich in unmittelbarer Nähe zum Westen in Travemünde, wo eine nur kurze Distanz die Fluchtchancen stiegen ließ, wurde eine entsprechende

Grenzsicherung zur Bundesrepublik mit Grenzsperranlagen etabliert. Landseitig für den Bereich

Priwall/Pötenitz war die **1. Grenzkompanie Pötenitz** für die Grenzsicherungsaufgaben von Brook (direkt an der Ostseeküste) bis zur Ortschaft Dassow/Selmsdorf zuständig. Das Gebäude der Grenzkompanie, 1954 gebaut, wurde 2004 abgerissen. Diese Liegenschaft gliederte sich in ein zweigeschossiges massives Hauptgebäude und eine separate Baracke, in der der Kompaniechef -Major - sowie sein Stellvertreter und die Zugführer ihre Büros hatten. Im festen Gebäude waren dann der Speiseraum, die Waffenkammer, die Küche sowie die Unterkünfte für die Soldaten sowie Fähnriche und Unteroffiziere (Stammpersonal). Weiterhin befanden sich auf dem Gelände ein Munitionsbunker sowie entsprechende Hundezwinger für die im Grenzdienst eingesetzten Hunde. Auf dem ehemaligen Gelände dieser Liegenschaft sind heute noch Reste von der damaligen Kasernenumzäunung erkennbar. Das Gelände grenzt unmittelbar an das Schloss Pötenitz. Diese Grenzkompanie gehörte organisatorisch zum **1. Grenzbataillon Selmsdorf** und zum übergeordneten **6. Grenzregiment**

„Hans Kollwitz" in Schönberg. Eine Grenzkompanie war somit im militärischen Verbund die **kleinste** selbstständige **Einheit**, aus der heraus unmittelbarer Dienst in Form von Posten- und Streifentätigkeiten an der damaligen Grenze zur Bundesrepublik geleistet wurde. Weiterhin wurden die Beobachtungstürme von hier heraus personell besetzt und es wurden sogenannte Alarmgruppen (Halbgruppe) vorgehalten, die im Falle eines Fluchtversuches zielgerichtet aus einer Führungsstelle heraus durch den **Kommandeur Grenzsicherung** (i.d.R. ein Zugführer im unteren Offiziersrang aus der jeweiligen Grenzkompanie) eingesetzt werden konnten. Es waren Reserve- und Eingriffskräfte für den Einsatzanlass **„Grenzdurchbruch"**. Die Führungsstelle stellte somit auch die entsprechende Meldestelle für die Grenzkompanie und -bataillone sowie die operativ eingesetzten Grenzstreifen dar.

7. Dienst in der Grenzkompanie

Neben den Zeit- und Berufssoldaten wurden ab 1962 auch Wehrpflichtige mit einer Grundwehrzeit von 18 Monaten in den Grenztruppen eingesetzt. Die Angehörigen der Grenztruppen erhielten gegenüber den Soldaten bei den normalen Einheiten der NVA einen um ca. 50 DDR-Mark erhöhten **Grundsold** (ca. 150 DDR-Mark) sowie einen erhöhten **Verpflegungszuschlag** für den Grenzdienst. Eine Grenzkompanie verfügte i.d.R. über drei Züge mit je zwei Gruppen. Zusätzlich war der Kompanie ein sogenannter **Grenzaufklärerzug** (GAKs) angegliedert, deren Angehörige besondere Aufträge auch **vor den Grenzsicherungsanlagen** (**vorgelagertes DDR-Hoheitsgebiet**), quasi **„Feindaufklärung Richtung Westen"**, wahrnahmen. Für diese Einheit kamen nur politisch gefestigte und äußerst zuverlässige Soldaten in Frage, denn diese Soldaten standen im Wortsinn mit einem Fuß ständig im Westen. Häufig waren diese im Range eines Unteroffiziers oder **Fähnrichs** (eigene Dienstgradgruppe in der NVA). Weiterhin verfügten diese Einheiten über Hunde, die im Grenzdienst unterstützend eingesetzt wurden.

2 GAKs im Einsatz

Zusammenfassend verfügte eine Grenzkompanie über eine **Mannstärke von ca. 80 - 110 Soldaten**, die rund um die Uhr die Grenzsicherung durchführten. Vor dem jeweiligen Grenzdienst rund um die Uhr erfolgte traditionell immer eine sogenannte **Vergatterung,** die mit einem Kommandobefehl hinsichtlich einer definierten Aufgabe zu vergleichen war. Demnach erhielten die eingesetzten Soldaten den Befehl, die Grenze in einem zugewiesenen Abschnitt zu sichern, Grenzdurchbrüche nicht zuzulassen, Grenzverletzer (Personen, die widerrechtlich die Staatsgrenze passieren) festzunehmen und den Schutz der Staatsgrenze unter allen Bedingungen zu gewährleisten.

„Überall an der Grenze müsse ein einwandfreies Schussfeld gewährleistet werden; nach wie vor muss bei Grenzdurchbruchsversuchen von der Schusswaffe rücksichtslos Gebrauch gemacht werden, und es sind die Genossen, die die Schusswaffe erfolgreich angewandt haben, zu belobigen. An diesen Bestimmungen werde sich weder heute noch in Zukunft etwas ändern"!

Erich Honecker Staatsratsvorsitzender der DDR (1912-1994)

Die Zusammenstellung der jeweiligen Postenpärchen erfolgte immer sehr kurzfristig und grundsätzlich unter der Voraussetzung des **gegenseitigen Misstrauens**. Die Soldaten kontrollierten und überwachten sich somit selbstständig. Die jungen Grenztruppenangehörigen wurde vor dem Einsatz im Grenzdienst in **Grenzausbildungsregimentern** zur sportlichen Ertüchtigung, dem Umgang mit Schusswaffen und im Politunterricht ausgebildet. Hinsicht der Einstellungspraxis wurden bevorzugt Abiturienten, Seemänner sowie Ehemännern mit Kindern eingezogen, weil grundsätzlich davon ausgegangen werden konnte, dass diese Ihre Angehörigen (Fluchtgedanken) im Hinblick auf eine potenzielle Flucht nicht im Stich lassen würden. Bei den genannten Abiturienten war der Grund u.a. die damalige Nichtanerkennung dieses Abschlusses in der Bundesrepublik. Gleichwohl ist festzustellen, dass die Grenzsoldaten, insbesondere die Wehrpflichtigen, unbeschadet

Ihre Armeezeit überstehen wollten, ohne in irgendwelche Zwischenfälle verwickelt zu werden.

Politioffizier/Politunterricht

Die Ausbildung der Offiziere der Grenztruppen fand an **der Offiziershochschule (OHS) „Rosa Luxemburg"** anfänglich in Plauen und ab 1984 in Suhl statt. Dabei wurden die beiden Fachrichtungen **taktischer Führer/Grenzkommandeur** und **Politoffizier** angeboten. Nach 3-4 Jahren wurde die Ausbildung zum Unterleutnant bzw. Leutnant abgeschlossen und die Absolventen erhielten neben dem militärischen Rang die Auszeichnung zu einem **Diplomgesellschaftswissenschaftler.** Ein entsprechendes Absolventenabzeichen wurde auf der rechten Seite der Uniform über der Brusttasche getragen. Die Ausbildung der Offiziere der Grenztruppen fand an **der Offiziershochschule (OHS) „Rosa Luxemburg"** anfänglich in Plauen und ab 1984 in Suhl statt. Dabei wurden die beiden Fachrichtungen **taktischer Führer/Grenzkommandeur** und **Politoffizier** angeboten. Nach 3-4 Jahren wurde die Ausbildung zum Unterleutnant bzw. Leutnant abgeschlossen und die Absolventen erhielten neben dem militärischen Rang die Auszeichnung zu einem **Diplomgesellschaftswissenschaftler.** Ein entsprechendes Absolventenabzeichen wurde auf der rechten Seite der Uniform über der Brusttasche getragen.

8. Schießbefehl

Um die Grenzaufgaben bzw. den Grenzauftrag wahrnehmen zu können, gab es Regelungen, auch die Schusswaffen einsetzen zu können/müssen. Kam ein Grenzverletzer den Aufforderungen zum Stehenbleiben nicht nach, war nach den entsprechenden Bestimmungen des **DDR-Grenzgesetzes** über den Gebrauch von Schusswaffen zu handeln und das Überschreiten der Staatsgrenze nicht zuzulassen.

„Wer unsere Grenze nicht respektiert, der bekommt die Kugel zu spüren."
Heinz Hoffmann, Verteidigungsminister der DDR

Rechtlich, d.h. im Sinne der DDR-Gesetzgebung, war der Fluchtversuch eine **unmittelbar bevorstehende Ausführung oder Fortsetzung einer Straftat**, die durch die Anwendung der Schusswaffe zu verhindern war. Dabei stellte der illegale Grenzübertritt in der Strafrechtslehre ein **Verbrechen** dar, welches eine Mindeststrafandrohung von einem Jahr oder darüber vorsah. Sinnbildlich schießen Deutsche auf Deutsche, die von Deutschland nach Deutschland wollen. Regelungen für den Gebrauch von Schusswaffen gibt es heute in allen deutschen Polizeigesetzen (verwaltungsrechtliche Gefahren- und Abwehrgesetze der Bundesländer) sowie im Strafgesetzbuch (z.B. Notwehr- und Nothilferegelungen). Nach der deutschen Wiedervereinigung erfolgte die juristische Aufarbeitung der sogenannten **Mauerschützenprozesse** und es erfolgten diverse Verurteilungen für Ausführende sowohl auch Anordnende des Schießbefehls. Mancherorts wurde die bundesrepublikanische Rechtsprechung auch als **Siegerjustiz** bezeichnet. Rechtsmateriell ging es dabei um **Tötungstatbestände** gegenüber i.d.R. unbewaffneten Flüchtlingen. Juristisch galt es nun den Rechtfertigungsgrund des bestehenden und somit gültigen DDR-Grenzrechts gegenüber dem Tötungsdelikt abzuwägen. Grundsätze der **Verhältnismäßigkeit sowie der international anerkannten und geschützten Menschenrechte** wurden dabei verletzt. Interessant ist in diesem Zusammenhang die rechtsphilosophische Betrachtungsweise der sogenannten **Radbruchschen Formel (Gustav Radbruch-1878-1949-Rechtswissenschaftler**), die das bestehende Recht mit dem Gerechtigkeitsgrundsatz abwog. Bezogen auf den Schießbefehl wurde das Grenzgesetz der DDR als unerträglich ungerecht eingestuft. International völkerrechtlich (u.a. UNO-Menschenrechtskonvention) hatte die DDR 1974 entsprechenden Verhandlungen zugestimmt, demnach es jedermann freisteht, jedes Land, einschließlich seinem eignen, verlassen zu können. Grundsätzlich wurden nicht nur die Ausführenden (Grenzsoldaten), sondern auch Funktionäre, Verantwortliche und

Vorgesetzte bestraft. Hier hilft das Bild: „**Täter hinter dem Täter**". Gleichwohl kann eindeutig behauptet werden, dass eine gelungene Flucht schwerwiegender als die Tötung eines Flüchtlings seitens der militärischen Führung der NVA und der Politik angesehen wurde.

9. Fluchten und Grenztote

Viele Menschen aus der damaligen DDR haben sich, auch im Bewusstsein das eigene Leben aufs Spiel zu setzen, für eine Flucht aus Ihrem Heimatland entschieden. Dabei spielten sicherlich unterschiedliche Motivationen eine Rolle. Die Ursachen für eine Flucht lagen zum einen in der politischen Unfreiheit, in beruflichen Zwängen (Entfaltungsmöglichkeiten) und entsprechenden persönlichen Benachteiligungen. Zum anderen spielten sicherlich auch die Konsumknappheit und die Einschränkungen der allgemeinen Reisefreiheit eine entscheidende Rolle. Hinsichtlich der Reisefreiheit gab es in der sozialistischen Staatengemeinschaft grundsätzlich keine Reisebeschränkungen. Gleichwohl sollte sich dieses später die **Solidansc-Bewegung** in Polen für die Privatreisen der DDR-Bürger einschränkend auswirken. Viele Dinge, die im Westen selbstverständlich waren, waren es jenseits der Grenze nicht. Konkret belastbare Zahlen hinsichtlich der gesamten Fluchten aus DDR in den Westen liegen nicht vor. Das liegt auch daran, dass viele Fluchten bereits in der Vorbereitungsphase von den staatlichen Organen vereitelt werden konnten und diesbezüglich ungenaue Angaben vorliegen. Viele Menschen waren jung und hatten ihr Leben noch vor sich. Unter den Gruppen, die besonders häufig Fluchtversuche unternommen haben, waren überproportional viele junge Menschen, die sich im Westen bessere Perspektiven versprachen. Aber auch die Menschen, die im unmittelbaren Grenzgebiet wohnten und somit besonderen Einschränkungen unterlagen, bildeten eine bedeutende Gruppe der Fluchtwilligen. Begünstigend kam für diese Personen hinzu, dass sie sich im Grenzgebiet auskannten, denn entsprechendes Kartenmaterial im Hinblick auf die Grenzverhältnisse konnte man sich in der DDR nicht zu Nutzen machen. Die grenznahen Gebiete waren im Kartenmaterial stets weiß ausgespart. Die staatliche Einheitspartei der DDR hatte propagandistisch verbreitet, dass der **Republikflüchtling ein Staatsverbrecher** ist. Dieses wurde eindrucksvoll durch den steten Ausbau und Optimierung der Grenzsicherungsanlagen und der Maßnahmen im Grenzgebiet verdeutlicht, nicht zuletzt durch die konsequente Androhung und Anwendung des Schießbefehls seitens der bewaffneten Organe. Neben Angehörigen der Zivilgesellschaft haben auch Soldaten der Grenztruppen die Flucht gewagt. Speziell für die Soldaten wurde dieses Verhalten im § 254 Strafgesetzbuch der DDR als **„Fahnenflucht"** sanktioniert.

Haftstrafen waren die Folge. Grundsätzlich muss daher an dieser Stelle zwischen Fluchten, begangen durch die Bürger und solche durch Militärangehörige, unterschieden werden. Bei einer geplanten und durchgeführten Flucht ging bei Letzteren neben dem Straftatbestand der Republikflucht i.d.R. auch die Fahnenflucht im strafrechtlichen Sinne einer sogenannten Tateinheit einher. Dabei wurde im Selbstverständnis der DDR-Justiz ein Desertieren nicht als militärischer Verstoß, sondern im ideologischen Sinn als **Verrat an der DDR** verstanden. Militärangehörige der NVA und im speziellen der Grenztruppen mussten bei der Begehung von Straftaten i.d.R. mit drakonischen Strafen rechnen. In diesen Fällen erfolgte eine entsprechende Verbüßung im **Militärstrafvollzug in Schwedt/Oder**.

Militärvollzug Schwedt/Oder

Diese Vollzugsanstalt Diese Vollzugsanstalt in der Nähe zur polnischen Grenze und am Ende der Druschba (Freundschaft)-Ölpipeline war bekannt für deren **„unmenschlichen Haftbedingungen"** in der Nähe zur polnischen Grenze und am Ende der Druschba (Freundschaft)-Ölpipeline war bekannt für deren **„unmenschlichen Haftbedingungen"**. Neben allgemeinen Straftaten, die von Militärangehörigen begangen wurden, mussten auch die Fahnenfluchten hier verbüßt werden. Nach erfolgter Abgeltung der Haftzeit von bis zu 2 Jahren, mussten die Verurteilten im Regelfall zeitlich **„nachdienen"**. Für das Ministerium der

Staatssicherheit (MfS) war Schwedt jedoch auch ein sich anbietender **Anwerbeort**, quasi als Reservoir, für zukünftige inoffizielle Mitarbeiter (IM) für den **„Apparat"**.

Gelang einem DDR-Bürger erfolgreich die Flucht in den Westen, waren für die westdeutschen Behörden natürlich Militärangehörige, insbesondere Angehörige der Grenztruppen, von besonderem Interesse. Für Militärangehörige der DDR war der **westdeutsche Bundesnachrichtendienst (BND)** als Auslandsgeheimdienst zuständig. Nach den behördlichen Erstmaßnahmen konnten die Geflüchteten entsprechende Betreuungen durch die **Deutsche Gesellschaft für Sozialbeziehungen** mit Sitz in Bad Godesberg/Bonn bekommen. Träger dieser Institution war das Bundesministerium für Verteidigung (BMV), damals mit Sitz in Bonn auf der Hardthöhe. Hier wurden Alltagshilfen und Unterstützungen für das neue Leben in der Bundesrepublik vermittelt, aber nicht ausschließlich als „Einbahnstraße", sondern auch als ggf. **Rückführung auf eigenen Wunsch in die DDR**. Erwähnenswert hierzu ist die **Biografie des Grenztruppenangehörigen Dietmar Mann**. Der damalige Bataillonskommandeur im Range eines Oberstleutnants der Grenztruppen aus dem Raum Salzwedel flüchtete aufgrund beruflicher und privater Probleme am 31. August 1986 und entschloss sich anschließend zur

Rückkehr in die DDR zwecks Wiedereingliederung in eine nunmehr zivile Karriere. Gründe für die Rückkehr waren eine empfundene Einsamkeit, depressive Zustände und die Beziehung zu einer Frau in der alten Heimat. In Lübeck beispielsweise gab es im Hinblick auf die Betreuungen von Flüchtlingen eine Kooperation mit einem Lübecker Hotel und der Fa. Karstadt, die für die erforderliche Ersteinkleidung sorgte. Hinsichtlich der Gesamtzahl der Menschen, die beim Versuch, die DDR zu verlassen, ihr **Leben verloren** haben, gibt es keine abschließend belastbare Zahlen.; auch aufgrund unterschiedlicher Erfassungsparameter. Gleichwohl kann aufgrund einer hohen Dunkelziffer mit an Sicherheit grenzender Wahrscheinlichkeit eine Größenordnung von knapp über **1.000 Menschen** angenommen werden.

10. Was aus den Grenztruppen ab 1990 wurde

Die NVA und somit auch die **Grenztruppen der DDR wurden** mit Befehl 49/1990 des damaligen Ministers für Abrüstung und Verteidigung (Rainer Eppelmann) am **02. Oktober 1990 aufgelöst**. Somit wurden die Soldaten der NVA offiziell aus ihrem geschworenen Fahneneid entbunden. Der Grenzsicherungsauftrag hatte sich nunmehr erledigt. Die Vielzahl der Angehörigen der bewaffneten Organe der DDR, insbesondere auch der Grenztruppen, hatten nunmehr Angst und Sorgen um ihre zukünftigen

Arbeitsplätze. Für viele ehemaligen Grenztruppenangehörige war eine Übernahme in die bundesdeutschen Sicherheitsorgane daher von elementarem Interesse, u.a. wurden Rekrutierungskommandos bei der Bundeswehr zum Abbau der innerdeutschen Grenzsperranlagen aufgebaut. Der Einigungsvertrag schrieb dazu, dass die Zugehörigkeit zum MfS grundsätzlich kein zwangsläufiger Kündigungsgrund ist. Dies betraf in der Hauptsache ehemalige **Mitarbeiter der Passkontrolleinheiten ((PKE)**-überwiegend Offiziere) an den Grenzübergängen, die dem MfS (Hauptverwaltung 6) angehörten. Auf dieser Grundlage konnten nunmehr ausgewählte und sorgfältig überprüfte Ost-Grenzer die Uniform wechseln. Nach durchlaufener Prüfung durch den **BND** und anschließender Weiterverwendung beim **Bundesgrenzschutz** oder der **Bundeswehr** waren natürlich auch zukünftig **besoldungsrechtliche Fragen** für die neuen Mitarbeiter von Bedeutung. In diesem Zusammenhang wurde höchstrichterlich und verfassungskonform vom **Bundesverwaltungsgericht in Leipzig** entschieden, dass frühere Dienstzeiten bei den Grenztruppen nicht automatisch ruhegehaltsfähig sind, d.h. bei einer späteren Pensionierung nicht berücksichtigt werden/wurden. Die Versagungsgrundlage in diesem Fall war die besondere und persönliche Nähe zum System der ehemaligen DDR. Die Grenztruppen wurden als **Hauptaggressionsorgan der DDR** eingestuft und unterschieden sich somit bedeutsam von damals vergleichbaren Tätigkeiten des Öffentlichen Dienstes der DDR.

11. Militarismus in der DDR-Gesellschaft

Im Vergleich zum Stellenwert des Militärs in der Bundesrepublik, war die DDR-Gesellschaft wesentlich stärker und umfassender von einem Militarismus im Alltag geprägt. Das Ziel der Staatsführung bestand darin, durch eine **Militärpolitik** die Bereitschaft zur Verteidigung der sozialistischen Gemeinschaft zu fördern. Voraussetzung dafür war die omnipräsente Agitation der SED im Hinblick auf den westlichen Imperialismus/Revanchismus der sogenannten **Bonner Ultras** Die Begrifflichkeit der Bonner Ultras sollte die klare Missachtung der DDR gegenüber der Bundesregierung ausdrücken. Als Reaktion darauf betitelte der erste Bundeskanzler der Bundesrepublik Deutschland **Konrad Adenauer (1876-1967)** den damaligen **DDR-Staatsratsvorsitzender Walter Ulbricht (1893-1973)** als **Spitzbart.** Die Grundlagen für die Vermittlung eines gewissen **militärischen Grundverständnis (Wehrerziehung)** erfolgte bereits ab dem Kindesalter in der DDR. Der Staat organisierte und kontrollierte in seinem Sinn mittels Massenorganisationen die Freizeitgestaltung seiner heranwachsenden Bürger. Mitgliedschaften in der **Gesellschaft für Sport und Technik** (GST) waren die Basis für eine sozialistische Wehrorganisation der

DDR; oder in einem Bild gesprochen **„eine Schule der Soldaten von morgen"**. Natürlich wurden die Jugendlichen auch für ihr Engagement und ihre Einsatzbereitschaft vom Staat belohnt (Anreize), in dem z.b. begleitend ein Moped-Führerschein kostenfrei erworben werden konnte.

12. Bundesgrenzschutz (BGS)

Der Bundesgrenzschutz umgangssprachlich auch **Grenzschutz** genannt, wurde 1951 gegründet. Anfänglich wollten die Alliierten im Hinblick auf die Historie Deutschlands jegliche Bewaffnung in der neuen Bundesrepublik verhindern. Aufgrund der **"Berlin-Block-**

ade" 1948/49 sowie des **Korea-Krieges 1950/53** sollte sich dies jedoch ändern. U.a. waren die anhaltenden Übergriffe an der Grenze auf Bundesbürger, die in Einzelfällen von den bewaffneten Organen der DDR widerrechtlich verschleppt wurden, ausschlaggebend. Eine signifikante Häufung von Grenzzwischenfällen veranlasste die damalige Bundesregierung eine Polizeitruppe zu organisieren und aufzustellen, die die Sicherheit und Ordnung der Grenze zu gewährleisten hatte und heute auch noch hat, durch die **Bundespolizei**. Wichtig ist an dieser Stelle darauf hinzuweisen, dass es sich um ein **polizeiliches Exekutivorgan** gehandelt hat im Gegensatz zu **den Grenztruppen der DDR, die ein rein militärisch ausgerichtetes Organ** darstellten. Weiterhin war der Grenzschutz aus bundesrepublikanischer Sicht ein Novum im Vergleich bzw. im Verbund mit den bereits ab 1945 neu aufgestellten Landespolizeien. Der Bundesgrenzschutz war somit eine **Polizei des Bundes** mit anderen Zuständigkeiten (Grenzbezug) im Vergleich mit den Polizeien der Länder.

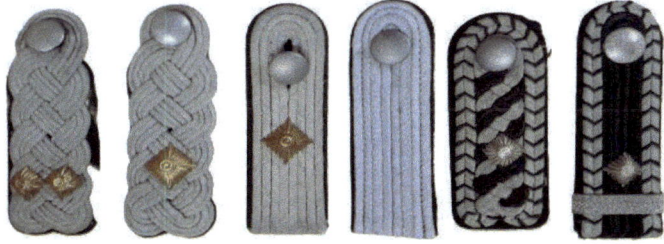

Dienstgradabzeichen des BGS: Von links: Polizeidirektor, Polizeioberrat, Polizeioberkommissar, Polizeikommissar, Polizeiobermeister und Polizeioberwachtmeister/Kommissaranwärter.

Der „Geburtsort" des Bundes-grenzschutzes und damit die Wiege dieser neuen Polizei war die Hansestadt Lübeck. Dabei stand der Grenzschutz im Hinblick auf die später im Jahr 1955 gegründete Bundeswehr vor großen personel-len Herausforderungen, weil viele Unterführer und Offiziere auf-grund besserer Berufsaussichten zur neuen bundesdeutschen Armee wech-

Sommerhemd eines Polizeimeister im BGS

selten. Gleichwohl wurde der strukturierte Aufbau der neuen Bun-desbehörde stetig vorangetrieben. Für den Bereich des Landes Schleswig-Holstein war das **Grenzschutzkommando Küste** mit Sitz in **Bad Bramstedt** zuständig, welches in eine Stabsabteilung, Fachabteilungen und die operativen Einsatzabteilungen gegliedert war. Daneben gab es zwei Ausbildungsabteilungen und eine tech-nische Hundertschaft in Lübeck-Blankensee sowie eine Flieger-staffel in Fuhlendorf bei Bad Bramstedt. Für die **polizeiliche Überwachung** des Grenzabschnittes Großraum Lübeck bis zum Beginn des Ratzeburger Sees (Rothenhusen) war die Grenzschutz-abteilung 1 in Lübeck in der damaligen **Waldersee-Kaserne (II/7;**

organisatorische Gliederungs-/Gruppenbezeichnung) zuständig und verantwortlich.

Lübecker Waldersee-Kaserne

Diese aus dem Jahr 1936 stammende ehemalige Wehrmachtskaserne wurde nach dem preußischen Generalfeldmarschall **Alfred von Waldersee** (Oberbefehlshaber eines Truppenverbandes in China zur Niederschlagung des Boxeraufstandes) benannt und befindet sich im Lübecker Stadtteil Marli an der Waldersseestraße. Von 1945-1949 nutzen die Briten diese Liegenschaft in den nunmehr **Knightbridge Barracks** genannten Gebäuden für ihre militärischen Verbände. Ab 1951 bezog der BGS diese Kaserne. In den 90-er Jahren wurden die ehemaligen Kasernen-Areale zu Wohnquartieren umfunktioniert.

Lübeck, Waldersee-Kaserne

Mot. Marsch
der 5. GSA 517

Gebäude Gruppenstab Lübeck

Südlich von Lübeck schlossen sich die ehemaligen Grenzschutz-Standorte (Einsatzabteilungen) in **Ratzeburg** sowie **Schwarzenbek** an. Für die seeseitige Überwachung gab es ergänzend den Bundesgrenzschutz See mit dem Standort in **Neustadt/Holstein**. Ein Pendant zur Grenzbrigade Küste der NVA. Dieser Küstenverband verfügte über 8 Patrouillenboote in zwei **Flottillen** sowie eine Stabs- und Ausbildungsflottille. Zusätzlich war die **Küsteneinsatzhundertschaft** (KüEH) mit **Luftlandezug** für eine mögliche Verlastung per Hubschrauber im Zusammenhang mit landpolizeilichen Aufgaben in Neustadt angegliedert. Der BGS-See war für einen 220 km langen Grenzüberwachungsabschnitt auf der Ostsee und operativer Aufgaben in der Nordsee zuständig.

Eine Grenzschutzeinsatzabteilung gliederte sich ebenfalls in eine Führungsebene, mehrere Fachabteilungen und für die Grenzüberwachungsaufgaben als operative Kräfte insgesamt **vier Hundertschaften**, wobei die jeweils 4. Hundertschaft  eine **technische** (Pioniere, Aufklärer, Funker und Wasserwerfer-Komponente) **Einheit** darstellte.

13. Polizeiliche Aufgaben an der Grenze

Die Polizei hat allgemein den gesetzlichen Auftrag, Gefahren abzuwehren und Störungen zu beseitigen sowie Straftaten zu erforschen und zu verfolgen. Dieser Auftrag galt und gilt auch für die Polizeibeamten des Grenzschutzes und dem heutigen Rechtsnachfolger, der Bundespolizei. Dazu kam jedoch, dass diese Aufgaben immer im **örtlichen und sachlichen Zusammenhang mit der Grenze** stehen mussten. Neben den grenzpolizeilichen Aufgaben gab und gibt es den Auftrag zum Schutz von Bundes- und Verfassungsorganen (Bonn und Karlsruhe), Schutz eigener Einrichtungen und Hilfestellung bei Katastrophenfällen. Neben dieser allgemeinen Aufgabenzuweisung bestand eine Hauptaufgabe für die Grenzschutzbeamten damals darin, Besuchern der Grenze in die **Grenzverhältnisse** vor Ort einzuweisen und auf die entsprechenden Gefahren, die bei einem ggf. unbeabsichtigten Grenzübertritt entstehen konnten, hinzuweisen. Kenntnisse über den eigentlichen Grenzverlauf waren somit elementar wichtig. Für den Bereich des Priwalls war auch die Information der Wasserfahrzeugführer, insbesondere der Segler über den genauen Verlauf der Grenzlinie in der Ostsee entscheidend. Häufig und ungewollt gerieten westdeutsche Segler aufgrund navigatorischer oder seemännischer Schwierigkeiten in das Hoheitsgebiet, d.h. das Küstenmeer der DDR. Grundsätzlich war es bundesdeutschen Staatsbürgern nicht verboten, die Grenze in das **„andere Deutschland"** zu überschreiten, trotz der omnipräsenten Gefahren, die von installierten Selbstschussautomaten über Minen und ggf. Festnahmen durch die Grenztruppen auf dem Territorium der DDR, ausgingen. Da hier jeweils eine Gefahrenlage bestand, die Grenze außerhalb einer offiziellen Grenzübergangsstelle zu überschreiten, konnten u.a. polizeiliche Maßnahmen zur Gefahrenabwehr, hier beispielsweise eine

Ingewahrsamnahme zum Selbstschutz für die Person ergriffen werden. Die polizeiliche Grenzüberwachung zu Lande, zu Wasser und zu Luft wurde 365 Tage und 24/7, d.h. rund um die Uhr, sichergestellt. So wurden Fuß- als auch Bootsstreifen durchgeführt. Grundsätzlich fand jeden Tag eine **Grenzraumflugüberwachung** statt. Dazu wurde auch regelmäßig BGS-Streifenführern das Mitfliegen im eigenen Grenzabschnitt ermöglicht. Mittels dieser Überwachungsflüge wurde u.a. die tägliche Grenzlage ermittelt und an die zuständigen Stellen im Bundesinnenministerium übermittelt.

BGS-Grenzstreife

14. Aufbau der Grenzsicherungsanlagen
Vom Stacheldraht zum Todeszaun

Beobachtungsturm mit Grenzsignalzaun und Durchlasstor

Im Zusammenhang mit der Bedeutung der Grenze im Verlauf der politischen Entwicklung wurden die **Grenzsicherungsmaßnahmen** permanent ausgebaut und verbessert. Als Vorfeldmaßnahmen wurden damals auch grenznahe Ortschaften der DDR, die bei der Grenzüberwachung störten oder sinnbildlich „im Wege standen", abgetragen. Geschichtlich spricht man von **„Schleifung der Ortschaften"**. Im Bereich Lübeck betraf das die Gehöfte bzw. Ortschaften Bardowiek und Lenschow. Gestaffelt und abhängig vom jeweiligen Gelände erfolgte eine Gliederung der unmittelbaren Grenzregion in den **Schutzstreifen** (ca. 500-800 m ab Grenzverlauf in Richtung Osten) und die **Sperrzone** (ca. 5 km-Bereich ab Grenzverlauf in Richtung Osten).

Hinweisschild Schutzstreifen aus Richtung Osten

Während anfänglich einfache, niedrige Zäunen im Grenzgebiet eine mögliche Flucht in den Westen verhindern sollten, wurden die physikalischen Hindernisse im Laufe der Jahre ständig optimiert. So fand die Überwachung des Grenzgebietes zu Beginn von einfachen Holz-Beobachtungstürmen statt, in den 70-Jahren wurden diese Türme sukzessiv durch **Beton-Beobachtungstürme** abgelöst, die i.d.R. eine Höhe von 6, 9 bzw. 11 m (**BT 11**) hatten.

Entsprechende **Führungsstellen** (Aufenthalt des Kommandeur Grenzsicherung/Zugführer und von Bereitschaftskräften) waren in einer quadratischen Bauweise ausgeführt. So eine Führungsstelle gab es auch auf dem Priwall, nahe der Pötenitzer Wiek, die heute noch existent ist und für Naturschutzzwecke genutzt wird. Weitere Beobachtungstürme befinden sich nahe der Ortschaft Dassow.

Führungsstelle Pötenitz an der Pötenitzer Wiek

Die pioniertechnischen Grenzsicherungsmaßnahmen waren tief gestaffelt aufgebaut, beginnend mit unterschiedlichen

Metallgitterzäunen (Grenzzaun 1 und 2 als Signalzaun mit optischer und akustischer sowie stiller Alarmausauslösung) dem **6 m-Spurensicherungsstreifen** (Feststellung von Fußspuren), den **Kolonnenwegen** (doppelreihige Fahrspur aus Lochbeton), den **Kfz-Sperrgräben**, den **Signalabschussgeräten**, den **Hundelaufanlagen**, den **Gewässersperren** und den **Lichttrassen** zur nächtlichen Geländeausleuchtung. Weiterhin gab es i.d.R. im „feindwärts" gelegenen Gelände auch **Erdbunker** aus Betonfertigteilen, aus denen heraus eine verdeckte Beobachtung der westlichen Grenzüberwachungskräfte vom BGS sowie Grenzzolldienst und der Grenzbesucher betrieben wurde. Zum Teil wurde aus diesen Bunkerelementen heraus auch eine zielgerichtete akustische Überwachung mittels positionierter Richtmikrophone durchgeführt. Die Bunker hatten an drei Seiten Sichtluken, die mit Stahlplatten verschließbar waren.

Metallgitterzaun

Die einzelnen Zaunelemente bestanden aus einem verzinkten Streckmetall. Das Profil dieses Zaunes bildete die Form eines **scharfkantigen Rautenmusters** ab. Dadurch war es unmöglich, ohne Hilfsmittel, sprich nur mittels der eigenen Hände oder Füße, in diesen Zaun hineinzugreifen, um sich ggf. daran hochzuziehen. Dazu bedurfte es entsprechender Hilfsmittel. Häufig wurde ein Holzschuh benutzt, in dessen Schuhspitze

68

ein stabiler Nagel oder eine Schraube eingebracht wurde. Unabhängig von der Beschaffenheit der entsprechenden Zaunmatten war deren Herkunft bzw. Produktion interessant. Diesbezüglich gibt es belastbare Hinweise, dass dieses Produkt im Hinblick auf seine Materialqualität im Westen gefertigt wurde. Produktionsspuren im Hinblick auf die industrielle Fertigung lassen sich in Richtung **Schweden** aber auch in die **Bundesrepublik Deutschland** nach Wetzlar, Fulda oder Salzgitter finden. Auch seitens der DDR-Grenzer ließen sich herstellerspezifische Hinweise an den Zaunmatten bezüglich der Herkunft dieser Importe finden.

Dieser Grenzzaun zog sich damals von der Ostsee bis an die tschechische Grenze. Dieser Zaun wurde partiell lediglich von **Betonmauern** unterbrochen. Ein gutes Beispiel dafür ist die Stadt Berlin, die ausschließlich von der Mauer umgeben war, oder aber das **„Musterdorf Mödlareuth"** an der bayerisch-thüringischen Grenze. Im Volksmund wurde es auch **„Little Berlin"** genannt.

„Der Bau der Mauer hatte auch den Zweck, der Bundesregierung die Grenzen ihrer Macht zu zeigen"
Klaus-Dieter Baumgarten, Chef der Grenztruppen der DDR

Außerhalb Berlins hatte die Betonmauer den Zweck, entsprechende Ein- bzw. Ausblicke zu verwehren und fungierte damit hauptsächlich als Sichtblende. Unweit vom Priwall in **Dassow** gab es auch eine Mauer, so dass e Bevölkerung nicht gen Westen blicken konnte. Ein Teilstück dieser Mauer ist noch in der **Ortschaft Teschow** auf einem Privatgrundstück vorhanden. Bezüglich Teschow ist darauf hinzuweisen, dass dieser Ort direkt im Schutzstreifen lag. Das bedeutet, die Häuser lagen zwischen den beiden Zäunen. Teschow war somit eingeschlossen und wurde nachts „**abgeschlossen**". Im Hinblick auf den Metallgitterzaun direkt am Priwallstrand sei auf die besondere Bauweise bzw. deren Anordnung hingewiesen. Er war in einem 100 - 200 m

breiten Korridor/Ausbuchtung und mit einer maximalen Entfernung von 50 m bis Ostsee angeordnet.

Der Beobachtungsturm BT 9 mit Technikausstattung in seiner Umzäunung

Im Laufe der Zeit wurde der Grenzzaun 1, d.h. der westlich stehende **einreihige Metallgitterzaun aus Streckmetall** (eMGZ) mit **Splitterminen** (SM – 70) als **Selbstschussanlagen** ausgerüstet. Insgesamt wurden damit ca. 450 km Grenzlänge technisch ausgestattet.

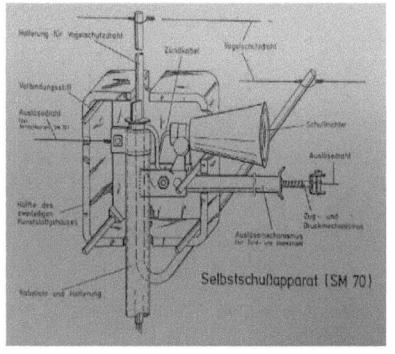

Selbstschussanlage SM (Splittermine) 70

Diese waren mit Metallsplittern bestückt und riefen bei entsprechender Auslösung durch Zug oder Entlasten der Auslösedrähte lebensgefährliche Verletzungen bei einem Flüchtling hervor. Die **verfüllten Metallsplitter** wurden als Garbe abgegeben. Die verheerende Wirkung konnte mit der Funktionsweise der sogenannten **dum-dum-Geschosse** (Teilmantelgeschoss; technisch gewünschte Deformierung des Projektils) verglichen werden, die den Körper nicht direkt durchschlugen, sondern durch eine veränderte Geschosskernprofilierung schwerste innere Verletzungen hervorriefen. Interessanterweise war dieses durch die **Haager Kriegskonvention** geächtet. Die SM-70 waren in unterschiedlichen Höhen am Zaun auf der jeweils ostzugewandten Seite montiert. Die SM-70- Anlagen wurden demzufolge auch **Todesautomaten** genannt. Diese Selbschussanlagen wurden konzeptionell ursprünglich von den Nationalsozialisten für die Umzäunung der Konzentrationslager entwickelt, um so Fluchtversuchen vorzubeugen. Diese Entwürfe wurden jedoch nicht umgesetzt. Erst nach 1961 wurden diese Konzepte von der DDR erneut aufgegriffen und schlussendlich an der innerdeutschen Grenze verwirklicht. Alternativ kamen auch Landminen zum Einsatz. Diese Minen wurden bereits ab 1961 verlegt, überwiegend in schwer zu überwachenden Geländeabschnitten. Dort, wo Menschen im Schutzstreifen wohnten, oder wo verstärkt eine landwirtschaftliche Nutzung betrieben wurde, ist darauf verzichtet worden. Diese Bodenminen hatten in etwa die Größe einer kleinen Dose und wurden demzufolge auch **„Schuhcremedosen"** genannt. Im Großraum Berlin kamen damals aufgrund der stets vorhandenen medialen Beobachtung durch den Klassenfeind in der Hauptstadt der DDR keine Minen zum Einsatz.

Minen

Anfänglich wurden an der Grenze **Holzkastenminen** eingesetzt, die aus sowjetischer Produktion stammten, und ihren ersten Einsatz im Koreakrieg (1950-1953 zwischen Nord- und Südkorea im sogenannten **Stellvertreterkrieg Sowjetunion/USA**) erfuhren. Sie waren mit ca. 200

Gramm Sprengstoff gefüllt. Da diese jedoch langfristig nicht witterungsbeständig waren, wurde ein Nachfolgemodell entwickelt, welches aus Kunststoff mit einer Sprengmenge von ca. 100 Gramm verfüllt war. Diese neue, nicht verrottbare Mine (Presskörper) wurde bei der **VEB Chemiefabrik Kapen**, nahe Dessau an der Elbe, in geheimer Minenproduktion hergestellt. Die Sprengkörper sollten eine Lebensdauer von bis zu 100 Jahren haben. Diese frühere **Heeresmunitionsanstalt** fertigte im Krieg Granaten und chemische Kampfstoffe für die Wehrmacht und wurde umgangssprachlich auch „**Puddingfabrik**" genannt. Neben Handgranaten, Zündvorrichtungen und Landminen wurden aber auch die SM-70 für den Metallgitterzaun als sogenannten Zaunmine hergestellt. Anfang der 70-er Jahre erhielt Kapen einen Entwicklungsauftrag für eine Splittermine für den Metallgitterzaun. Im Rahmen von aufwendigen Studien und Feldversuchen wurden Verletzungs- und Trefferkorridore definiert. Als Endprodukt wurde ein Schießtrichter konstruiert, der mit bis zu **100 scharfkantigen Stahlwürfeln/splittern** gefüllt war und bei Auslösung verheerende Verletzungen ggf. auch mit Todesfolge auslöste. Als Vorbild diente dazu das sogenannte Schrapnell. Auf ca. 250 m Grenzlinie wurden somit 750 Minen (Kopf – Brust-Unterkörper) installiert. Der **VEB Chemiefabrik Kapen** galt in der DDR als Vorzeigebetrieb und produzierte auch für das Ausland im Sinne der Devisenbeschaffung. Im Gegenzug kostete der Betrieb der DDR-Millionen in der Unterhaltung.

Schrapnell

Darunter verstand man eine **Artilleriegranate aus dem 1. Weltkrieg (1914-1918)**, die im Geschosskern mit einer Vielzahl von Metallkugeln verfüllt war, die technisch vor dem Aufprall der Granate herausgelöst wurden und somit ein hohes und flächiges Verletzungsmuster entstehen ließen.

Hinsichtlich des zunehmenden internationalen Drucks gegen diese perfiden Sicherungsmaßnahmen wurden die Todesautomaten und Minen beginnend ab 1983 wieder abgebaut. Abgeschlossen waren diese Maßnahmen bis 1985. Auch als Gegenleistung zu einem milliardenschweren Kredit (ca. 960 Mio. Euro) der bayerischen Landesregierung unter Federführung von dem damaligen Ministerpräsidenten **Franz Josef Strauß (1915-1988)** an die DDR konnte der Abbau der Minen und Todesautomaten nachdrücklich beschleunigt werden. Dieses gegenseitige Arrangement könnte man auch als **praktizierte Koexistenz** bezeichnen. Es kann davon ausgegangen werden, dass ca. **1,3 Millionen Landminen** des Typs Splittermine im Grenzstreifen verlegt wurden. Nicht alle verlegten Minen konnten nachträglich identifiziert werden, sondern gelten als verschollen, verschoben, und in Wassernähe bei Hochwassergefahr als abgetrieben. Sie waren zum Spielball der Natur geworden. Die gravierende Differenz zwischen verlegten und geräumten

Minen konnte durch den Abgleich der entsprechenden Verlege- und Räumprotokollen festgestellt werden.

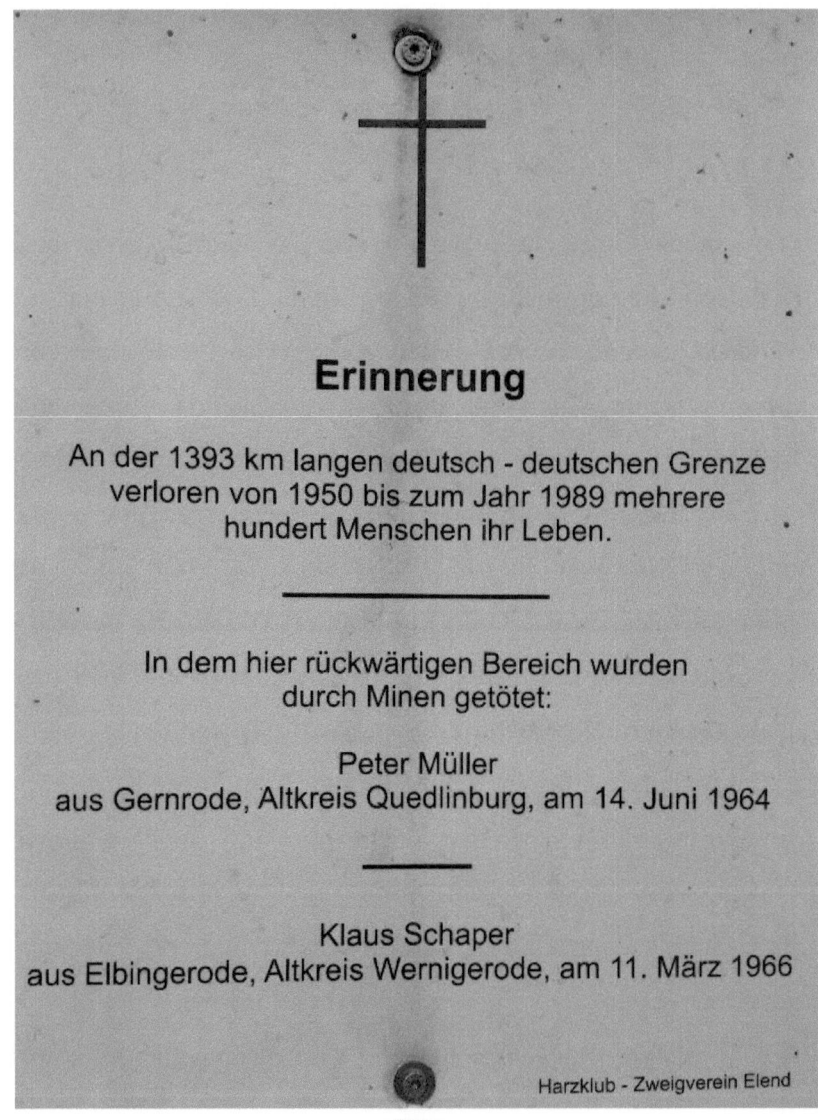

Erinnerung

An der 1393 km langen deutsch - deutschen Grenze verloren von 1950 bis zum Jahr 1989 mehrere hundert Menschen ihr Leben.

In dem hier rückwärtigen Bereich wurden durch Minen getötet:

Peter Müller
aus Gernrode, Altkreis Quedlinburg, am 14. Juni 1964

Klaus Schaper
aus Elbingerode, Altkreis Wernigerode, am 11. März 1966

Harzklub - Zweigverein Elend

15. Leben und Alltag in der Sperrzone – DDR

Die zuständigen Behörden, aber nicht zuletzt die **Sozialistische Einheitspartei Deutschlands** (SED) hatten natürlich ein elementares Interesse daran, dass nur politisch verlässliche Menschen im unmittelbaren Grenzraum lebten. So kam es bereits frühzeitig zu Evakuierungsmaßnahmen, um u.a. gewachsene Freundschafts- und Verwandtschaftsverhältnisse in unmittelbarer Grenznähe zur Bundesrepublik und somit potenziellen Fluchten vorzubeugen. Im Rahmen von verschiedenen staatlichen Aktionen wurden **Zwangsumsiedlungen** im unmittelbaren Grenzgebiet, in der Sperrzone, durchgeführt. Dafür wurden vom anordnenden SED-Regime entsprechende Arbeitsnamen, z.B. **Ungeziefer, Kornblume, Festigung** kreiert und festgelegt.

Im Bereich Pötenitz waren von diesen Maßnahmen 13 und im Bereich Dassow 60 Personen mittelbar betroffen. Die

Zwangsumgesiedelten waren somit **Vertriebene im eigenen Land** und fanden sich danach in anderen DDR-Bezirken, fern der Grenze, wieder. In den neuen Wohnräumen wurden diese sogenannten Grenzgänger nicht immer vorbehaltslos als Neu-Bürger empfangen. Jahrhundertelange **Lebens- und Wohnkulturen** und **Heimatverbundenheit** wurden mit Füßen getreten. Oftmals wurde der eigentliche Grund für diese Entfernungen nicht mitgeteilt. Aber auch **Entnazifizierungen** wurden als Vorwand benutzt, um sich dieser unliebsamen Menschen und politischen Gegner zu entledigen. Die betroffenen Menschen mussten diese Umsiedlungen aushalten, die ihnen oftmals nur **mündlich** mitgeteilt wurden und innerhalb von **48 Stunden** umgesetzt werden mussten, die betroffenen Menschen wurden also von diesen Maßnahmen „überrumpelt". Oft war es eine Fahrt ins Ungewisse, viele vermuteten, die Fahrt ginge nach Sibirien. **Suizide** spielten dabei teilweise auch eine tragische Rolle. Bis 1961 wurden ca. 11.000 Menschen umgesiedelt. Die SED gab allen das Signal, die bleiben durften, es kann jeden und zu jeder Zeit betreffen. **Führen mit Angst** war das Leitmotiv von **Erich Mielke (1907-2000)**, Chef des Ministeriums für Staatssicherheit (MfS). Das zurückgelassene Hab und Gut wurde oftmals vom Staat veräußert und auf ein Sperrkonto eingezahlt, verbunden mit monatlichen Auszahlungen an die Betroffenen. Aber auch **Enteignungen** fanden statt und wurden dann anderen, z.B. den örtlichen Landwirtschaftlichen Produktionsgemeinschaften (LPG) zugeteilt. Wiedergutmachungen waren nicht vorgesehen; auch Rehabilitierungen (moralische Gerechtigkeit) gab es nicht. Nach der Wende bot sich einigen die Möglichkeit des Rückkaufes oder einer langwierigen juristischen Rückabwicklung.

Hinweis auf Doku- und Dokumentarfilmangebot des Mitteldeutschen Rundfunks (MDR) über YouTube

Aktion Ungeziefer - Zwangsaussiedlung..
YouTube · MDR DOK
01.06.2022

Die Bewohner der grenznahen Ortschaften erhielten von der Volkspolizei Sonderstempel in die Ausweispapiere; entsprechender Besuch musste zeitgerecht angemeldet werden. Jedoch gab es für das Ausstellen dieser begehrten **Passierscheine** sehr stark reglementierte Voraussetzungen (Todesfälle oder schwere Erkrankungen von Verwandten). Und ob am Ende der Passierschein tatsächlich

genehmigt und ausgestellt wurde, unterlag einer ausgeprägten Willkür. Weiterhin war es den Passierschein-Nutzern verboten, Fotoapparate mitzuführen, und sie mussten sich auf den festgelegten Wegen bewegen. An- und Abreisen wurde von der Volkspolizei überwacht. Insgesamt kann von **reglementierten Lebensverhältnissen** (eingeengte Bewegungsfreiheit und ständige Kontrollen der Grenzbevölkerung) im grenznahen Raum gesprochen werden. Vom Grundsatz wurde das gesamte Leben vom **Grenzregime** bestimmt.

Grenzregime

Darunter verstand man in der Gesamtheit alle Maßnahmen in **technischer, administrativer sowie institutioneller** Hinsicht, die für die Grenzsicherung der DDR erforderlich waren und umgesetzt wurden. Das Grenzregime der DDR war damals stark **repressiv ausgerichtet** und hatte vornehmlich das Ziel, die Flucht der eigenen Bevölkerung einzudämmen bzw. durch Schusswaffenanwendung zu verhindern. Es galt nicht zu verhindern, die DDR zu **betreten**, sondern zu **verlassen**.

Gleichwohl haben sich viele Menschen mit den Gegebenheiten über die Jahre hinweg arrangiert. Anfänglich ausgegebene sogenannte **Interzonenpässe,** die unter bestimmten Voraussetzungen eine kurzzeitige Reise in die Bundesrepublik ermöglichten, wurden den Sperrzonenbewohnern verwehrt. Aber es gab auch seitens der Parteiführung einige Vergünstigungen für diese Bewohner, jedoch nicht um sie zu belohnen, sondern um sie indirekt zu beeinflussen. Dazu gehörten teilweise finanzielle **Sperrzonenzulagen** zum Gehalt oder **Steuerentlastungen** für ansässige Handwerksbetriebe sowie kulturelle Angebote. Bei Personen, die im Schutzstreifen wohnten, war eine zusätzliche Aufenthaltsgenehmigung erforderlich.

16. Ministerium für Staatssicherheit (MfS)

Die **Einheitspartei der DDR** (SED) hatte das uneingeschränkte Sagen im Lande. Orientierend an der Parteiphilosophie der Sowjetunion hatte sie die DDR fest im Griff im Sinne einer marxistischen, leninistischen und somit sozialistischen Erziehung. Um diese Werte umsetzen zu können, bediente sich die Partei dem **Ministerium für Staatssicherheit** (MfS). Dieses staatliche Exekutivorgan fungierte als Schwert und Schild der Partei. Vor diesem Hintergrund hatte diese Organisation unter der Führung von **Armeegeneral Erich Mielke** omnipräsentes Interesse daran, zu wissen, wie die Bevölkerung der DDR fühlt und denkt. Jegliches Oppositionsgedankengut wurde verfolgt. In Bezug auf die Grenztruppen ist davon auszugehen, dass jeder 10. Soldat einer jeweiligen Einheit für das MfS gearbeitet hat. Es war somit kein Geheimnis, dass Grenzsoldaten, die sich dienstlich im jeweiligen Grenzabschnitt örtlich gut auskannten und mit den individuell örtlichen Grenzverhältnissen vertraut waren, natürlich erfahrungsgemäß eine Flucht erfolgversprechender umsetzen konnten. Für Soldaten, die neu in den jeweiligen Grenzkompanien waren und noch vor dem ersten **Grenzdienst/Einsatz am Kanten** (Begriff für Grenze) standen, erfolgte ein obligatorisches Gespräch mit Vertretern der **Abteilung Schneewittchen oder 2000**, welches ein Synonym für die Staatssicherheit galt. In diesen Gesprächen ging es um den Sinn der Grenze und das individuelle Verhalten der Soldaten bei dem Auftreffen auf Grenzverletzter, auch unter der Voraussetzung, dass zwischen Soldaten und Flüchtlingen ein ggf. Freundschaft- oder Verwandtschaftsverhältnis bestünde. In Bezug auf die grenznahen Ortschaften und Städten mussten somit ständig Informationen, die auf Fluchtversuche aus der DDR hindeuten könnten, erlangt und beschafft werden. Ein großes Heer von Informanten übernahmen diese Aufgabe teilweise freiwillig aber auch unter Druck der Behörden. Dem MfS war es somit wichtig, zu wissen, wer im unmittelbaren Grenzgebiet wohnt und ob diese Menschen ideologisch gefestigt waren und entsprechenden Fluchtüberlegungen entgegenstanden. Dabei halfen auch sog. **FREIWILLIGE HELFER DER GRENZTRUPPEN und HELDER DER VOLKSPOLIZEI,** die nebenberuflich und somit im Rahmen eines „gesellschaftlichen Beitrages" Informationen über Verdächtiges und Ungewöhnliches im

Grenzraum sammelten. Unbekannte Personen standen auf der Liste ganz oben, weiterhin aber auch unzufriedene Meinungsäußerungen von Mitbewohnern über die politische Situation im Lande. Diese freiwilligen Helfer erhielten für ihre Spitzeldienste bei der aktiven Mitarbeit im Zusammenhang mit den Grenzaufgaben finanzielle Vergütungen bis zu gesellschaftlichen und persönlichen und familiären Annehmlichkeiten/Belohnungen. Opfer der staatlichen Verfolgung litten zum Teil unter dem **Stasi-Verfolgten-Syndrom.** Dieses **wissenschaftlich anerkannte Krankheitsbild** ist auf **die psychischen Folgen** erfahrener Repressalien durch das MfS zurückzuführen. Die gesundheitlichen Folgen wurden beispielsweise durch **unmenschliche Haftbedingungen nach Fluchtversuchen** oder nach dem Stellen eines **Ausreiseantrages** hervorgerufen. Angst- und

Verfolgungsträumen sowie Schlafstörungen und Suizidabsichten sind dabei nur einige Merkmale.

17. Grenzöffnung Priwall 03. Februar 1990

Blick auf das vorgelagerte DDR-Gelände und die Grenzsäule

18. Wasserbüffel, Seeschwalben und Orch-ideen auf dem Priwall

Neben der bewegten Historie der Halbinsel ist der Priwall vor allem für die integrierte Tier- und Pflanzenwelt bekannt. Eingerahmt von der Pötenitzer Wiek, der Trave und der Ostsee beherbergt der Süden des Priwall noch küstentypische Lebensräume, die einer Vielzahl gefährdeter Tierarten eine Heimat bieten. Die menschliche Einflussnahme aber auch die periodischen Überschwemmungen des Gebietes waren und sind auch gegenwärtig treibende Faktoren, die das Mosaik aus den zahlreichen Lebensräumen erst ermöglichen. So existieren auf der Fläche sowohl naturnahe Bruchwälder, ausgedehnte Röhrichtzonen als auch extensiv genutzte Salz- und Feuchtwiesen. Letztere befinden sich im Zentrum der Halbinsel und werden durch die Beweidung von **Wasserbüffeln** schonend in Stand gehalten. Die **vierbeinigen "Landschaftspfleger"**, die ursprünglich aus den tropischen Regionen **Asiens** kommen, sind für die Pflege der Feuchtwiesen optimal geeignet und ermöglichen es erst, dass sich selten gewordene Vogelarten auf den Feuchtwiesen ansiedeln können. Die saisonal eingesetzten Tiere werden hier im Bereich des ehemaligen Flugplatzgeländes eingesetzt werden. Sie halten sich dann im Sommerhalbjahr in größeren Wasserlöchern auf und halten das Gras kurz. Ursprünglich wurde dieses Projekt im Jahre 2018 realisiert, in dem die Büffelgruppe aus dem benachbarten **Dassow** mittels Trecker und Anhänger "herbuxiert" wurden. Alles in Allem ein ungewöhnlicher Anblick; was **Asien kann, geht auch auf dem Priwall** direkt vor der Haustür. Insbesondere Wiesenbrüter, die auf offene Landschaften und feuchte Senken zur Nahrungssuche angewiesen sind, profitieren enorm von dem Einsatz der Büffel. So sind **Kiebitz, Rotschenkel** oder **Schafstelze** mittlerweile mit regelmäßigen Brutvorkommen zu verzeichnen und auch viele weitere Arten sind als Brut- oder Nahrungsgäste anzutreffen. Mit etwas Glück kann man sogar den **Seeadler** bei der Jagd beobachten. Den Flussseeschwalben konnte durch das Aufschütten einer künstlichen Brutinsel -**Seeschwalbeninsel**- in der Pötenitzer Wiek eine gute Aufenthaltsmöglichkeit geschaffen werden. Erfreulicherweise konnte eine Verstetigung bzw. eine Vermehrung des Brutbestandes registriert werden. Aber auch andere Tierarten fühlen sich in der reichstrukturierten Kulturlandschaft des südlichen Priwalls wohl. Der Wasserreichtum und die vielen Kleingewässer stellen gerade für Amphibien optimale Habitatbedingungen dar. Die vielen Frösche fungieren dabei nicht nur für die Vogelwelt als begehrte Nahrungsquelle, sondern

sind auch grundlegend für die großen Bestände von **Ringelnat-tern**, die meine beiden Söhne **York** und **Max** in der Vergangenheit zahlreich beobachten konnten. Neben der besonderen Fauna des Priwalls ist auch die Pflanzenwelt hervorzuheben. Die Umgrenzung durch Ostsee, Travemündung und Pötenitzer Wiek haben das Gebiet von landwirtschaftlichen Nährstoffeinträgen weitestgehend verschont. Hinzukommend ermöglichen die besonderen Bodenverhältnisse, die zum Teil durch das Salzwasser geprägt werden, das Vorkommen einiger regional seltenen Pflanzen. So treten an den Spülsäumen der Küstenlinie einige spezialisierte Pflanzenarten auf, die an vielen Orten verschwunden sind. Auch vereinzelte Vertreter aus der Familie der **Orchideen,** die sonst eher mit den Tropen assoziiert werden, können auf der Priwall-Halbinsel gefunden werden. Die **Epipactis helleborine,** der **Breiblättrige Stendelwurz,** ist erwähnenswert -**Orchiedee des Jahres 2006**-, der hier vereinzelt wächst. Somit sind diese Pflanzen nicht nur den überwiegend tropischen Gefilden zu Hause, nein, auch bei uns können sie gedeihen. Insgesamt gibt es in Deutschland bis zu ca. 90 verschiedene wildwachsende Orchideen, die jedoch vielerorts vom Aussterben bedroht sind und somit starken Schutz bedürfen.

19. Fliegerei auf dem Priwall

Vor dem Ersten Weltkrieg entstand auf dem Priwall zunächst die erste Flugzeugwerft und mit dieser der erste Flughafen, quasi die Geburtsstunde der Fliegerei. Ab dem Jahre 1926 expandierte die **Deutsche Lufthansa** und baute von hier einen internationalen Linien-Flugbetrieb in Richtung Skandinavien auf. Aus den bestehenden Liegenschaften der ansässigen Flugzeugwerft, die reinen Zivilcharakter besaßen, wurden dann sukzessiv Ende der zwanziger Jahre zu militärischen Zwecken umfunktioniert, der Passagierluftverkehr wurde somit heruntergefahren. Aufgrund der strategisch günstigen Lage zur offenen See und dem gleichzeitig geschützten Bereich der Pötenitzer Wiek konnten hier **See-** und **Wasserflugzeuge** optimal hinsichtlich ihrer Flugleistungen und -eigenschaften erprobt und getestet werden. Schwerpunkt waren dabei die sogenannten **Katapult- bzw. Schleuderflugzeuge**, die mittels technischer Vorrichtungen von Flugzeugen oder anderen Trägereinrichtungen „katapultiert" werden konnten. Mitte der dreißiger Jahre war der Priwall nur noch rein militärisches Gelände; Zivilisten war das Betreten verboten. Die Reichsluftwaffe hatte nunmehr die Kommandogewalt auf der Halbinsel. Die federführende Dienststelle nannte sich **Erprobungsstelle See** (auch E-Stelle See). Parallel zu den Flugzeugen wurden allerdings auch die Bewaffnungen der Luftfahrtzeuge getestet. Dieses fand unweit von

Travemünde in **Boltenhagen/Tarnewitz** stand. Wenn man so möchte eine Pendant-Dienststelle. Aber auch die Standorte Peenemünde und Rechlin gehörten zu dem Quartett der geheimen Erprobungsstellen. Neben der Luftfahrt war jedoch auch der Hafen für die Militärs von Interesse. Bis 1945 war der jetzige Passsathafen ein Liegeplatz für die **deutsche U-Boot-Flotte.** Der Vollständigkeit halber sei neben den bisher erwähnten Dienststellen auf dem Priwall auch das **Seezeugamt** erwähnt, welches sich mit Ausrüstungs-, Reparatur- und Instandsetzungsfragen beschäftigte. Heute sind davon lediglich im Mecklenburgischen nach den Sprengungen der sowjetischen Besatzungstruppen noch vereinzelnd Ruinenreste erkennbar. An die Toten dieser Erprobungsstelle erinnert heute ein aufgestellter Flugzeugpropeller in der Wiekstraße. Aus den einstigen Mannschaftsunterkünften wurde nach dem Krieg das **Priwallkrankenhaus**, welches allerdings heute nicht mehr existiert.

20. Segelschiff Passat

Die **Viermaststahl-Segelbark Passat** liegt seit 1960 auf dem Priwall an der Kette. Gebaut 1911 auf der legendären Schiffswerft Blohm und Voss in **Hamburg-Steinwerder** hat sie einen eindrucksvollen Werdegang hinter sich. Als besegelter Frachtsegler mit insgesamt 39 **Kap Hoorn Umsegelungen** wurde sie für den Gütertransport, speziell Salpeter (Düngemittel) von Südamerika nach Europa in den Dienst gestellt. Neben einer Vielzahl von Schiffen, die in Hamburg, mit dem immer mit einem **P**-beginnenden Schiffsnamen vom Stapel liefen und als **Flying P-Liner** bezeichnet wurden, ist die Passat neben der heutigen **Kruzenshtern** (früher **Padua**), **Pommern** und **Peking** ein noch heute existierendes Schiff dieser Schiffsklasse. Die Passt hatte insgesamt **acht** „**Schwestern**". Sehr interessant und fesselnd in diesem Zusammenhang ist die Geschichte der **Peking**, die nach mehr als 100 Jahren wieder in Hamburg ihren letzten Ankerplatz am derzeitigen Hafenmuseum gefunden hat. Die Passat wurde im Jahr 1980 aufwendig restauriert und nunmehr mit dem Bug zur Ostsee zeigend endgültig verholt (**Seemannssprache**: ein Schiff ohne Benutzung des Eigenantriebs mit Trossen und Tauen an einen anderen Liegeplatz bringen).

Der Autor während seiner Dienstzeit in Ratzeburg in den 80er-Jahren.

KONTAKT